오체투지

 매일 천 배를 하는 경혜의 절 이야기

한경혜 지음

작가의집

오체투지
五體投地

양 무릎과 팔꿈치, 이마 등
신체의 다섯 부분이 땅에 닿게 하면서 하는 절.
자기 자신을 무한히 낮추면서
최대의 존경을 표하는 절을 의미한다.

차례

프롤로그 · 7

제1장 선몽 그리고 절

선몽 · 12
생명을 담보로 한 도전장 · 17
만 배 백일기도, 그 생사의 행렬 · 23
걷지 못하는 아이 · 32
성철스님, 나 여기서 죽을 랍니다 · 42
그만 놓여나고 싶다 · 51
죽을힘으로 살기 · 61
새 생명의 의식, 엄마와의 맞절 · 69

제2장 진흙 속에 피는 연꽃

연꽃이 된 아이 · 74
토요일은 큰스님 만나는 날 · 81
큰스님의 마지막 강렬한 눈빛 · 90
내 동생 경아 · 94
엄마, 엄마. 우리 엄마! · 103

제3장 강물을 거슬러 오르는 연어처럼

세상과의 새로운 화해 · 114
내가 택한 길 · 125
새로운 운명을 위한 준비 · 134
인생의 스승, 여행 · 140
두 번째 만 배 백일기도, 윤회를 끝내고 싶다 · 149
타오르는 고통과 화두 · 155
최고의 경지, 구경각 · 164
장애도 하나의 축복 · 173
세 번째 만 배 백일기도 · 180

제4장 내 인생의 주인공

새로운 인생을 위하여 · 184
히말라야 트레킹 · 189
작가의 집 · 215
아이들의 전시회 · 222
언제나 도전하는 삶 · 228

에필로그 · 234
정도령 발표합니다 · 237

 프롤로그

산다는 것.
장애라는 것.
부정 아닌 현실에서
간절하게 지푸라기라도 하나 움켜쥐는 심정으로
이 몸을 버릴 각오로 몸부림치고 싶었다.
죽는 것과 사는 것 사이에서
나 자신에 대한 회한과 애절함으로……
차라리 이 생에서 끝내고 싶었다.
그렇지만 내가 왜, 나의 의지와는 상관없이
이런 몸과 환경이 만들어졌을까 그 원인을 알고 싶었다.
그러다가 인과를 알게 되었고,
자연의 법칙처럼, 몸 또한 그런 것이라는 걸 알았다.
무엇을 말하려고 해도……
할 말이 없다.
자연은 말없이
봄, 여름, 가을, 겨울 열심히 자기소임을 다하는 걸 보고
나는 여기에서, 이 세상에서 가장 별 볼일 없는, 보잘 것 없는 '나'

라는 존재는
　감히 이 우주에서 잠시 스쳐가는 존재였을 뿐이라는 걸 알았다.

　이 책을 내면서 책을 읽는 여러분께 무릎 꿇고 사죄하는 심정일 뿐이다.
　그대로 있으면 될 일을,
　자연 속에 파묻혀 있으면서 조용히 왔다 가면 될 일을.
　굳이 책이라는 흠집을 내게 되었으니……
　어쩌면 내가 쓸데없는 일을 하고 있을지도 모른다.
　다만 하고 싶은 말은
　자연의 무거운 침묵에 대해
　나는 보잘 것 없는 존재였다는 것이다.

　비록 보잘 것 없지만, 그래도 나 자신은 내가 가장 아껴야 될 소중한 존재였다.
　그래서 하늘이 준 운명을 인간의 힘으로
　바꿀 수만 있다면, 바꿀 수 만 있다면……
　바꾸어 보고 싶었다.
　내 의지대로
　내가 원하는 삶대로
　그래서 할 수 있는데 까지, 내가 하다가 죽는다 해도,
　차라리 죽음을 선택할지언정,
　나의 의지에 의한, 내가 원하는 삶을 살고 싶었다.

그래서 나는 '절'을 택했다.

그 동안의 삶과 죽음을 겪으면서
'절'은
내게 가장 알맞은 바른 선택이었다는 것이다.

진심으로 바라고, 하고 싶은 말은
모든 사람이 행복한 삶을 살 권리가 있다는 것이다.
꼭, 행복하십시오.

2004년 초여름
한경혜 두 손 모아

내게 있어 절은 생명과도 다름아니다.
성철스님과의 인연으로 나는 지금도 절을 하며 세상을 본다.

제1장 선몽 그리고 절

만약 우리가 사는 것이 꿈이라고 한다면……
우리의 조상과 지나온 역사가 있다는 것을 알고,
선조들 그리고 인류의 역사가 이어져 오고 있다는 것
또한 확실하지만,
현재 직접 육안으로 지난날의 흔적을 알 수 있고
과거의 모든 것을 보지 못하기 때문에
차라리 꿈속의 꿈이라고 이야기 하고 싶다.

선몽

만약 우리가 사는 것이 꿈이라고 한다면……

우리의 조상과 지나온 역사가 있다는 것을 알고, 선조들 그리고 인류의 역사가 이어져 오고 있다는 것 또한 확실하지만, 현재 직접 육안으로 지난날의 흔적을 알 수 있고 과거의 모든 것을 보지 못하기 때문에 차라리 꿈속의 꿈이라고 이야기 하고 싶다.

옛날 아주 옛날, 수행도 잘하고 인물도 잘생긴 큰스님 한 분이 계셨다.

법문도 잘하고 훤칠하게 잘 생긴 인물에다 말솜씨까지 뛰어난 큰스님은 수행은 아직 내공 정도로 머물러 있지만 워낙 많은 대중들이 따르다 보니 수행보다는 대중의 인기에 힘입어 큰절의 주지스님으로 추대되었다. 그래서 스스로의 자재가 불가능한 상태에서 큰절의 주지스님이 되다보니 사중의 살림살이를 마음대로 움직일 수도 있고,

많은 사람들이 따르다 보니 어느덧 조금씩 권세 같은 마장이 끼게 되었다고 한다.

절에 들어오는 시줏돈도 마음대로 쓰는데다 자기보다 못한 사람을 은근히 무시하는 경향이 있었다. 그 주지스님은 그야말로 인간계 극락 생활을 누리고 있었다.

시간과 세월은 저절로 흘러가는 것이기 때문에 그 주지스님도 별 수 없이 생을 마쳐야하는 운명을 맞이하고 말았다.

그래도 단 한 가지 진실하게 행하는 것이 있었는데 그것은 그 주지스님이 항상 예불을 드리며 정성껏 기원을 올리는 것이었다.

세세생생, 꼭 부처님 법에 머물게 해달라고 절만큼은 지극정성으로 했고, 행동은 수행자로서는 오히려 안하무인격이었다.

그러면서 사람으로서의 운명을 다한 스님은 다음 생에서는 구렁이로 태어났다. 구렁이로 업보를 받았지만, 그나마 절을 정성스럽게 한 공덕에 구렁이로서의 업보를 다하지 못하고 장애를 가진 사람의 몸으로 다시 태어났다. 사람으로 태어난 그 사람은 전생에 구렁이 업보가 있기 때문에 동네 꼬마들은 무의식적인 혐오 대상으로 여겨 돌맹이를 던졌다. 그것은 전생의 업보의 빚을 갚고 있기 때문이었다.

이런 이야기를 어릴 때 들은 적이 있었다.

나는 운명이라는 것을 남들보다 긍정적으로 생각하는 편이다.

지나온 내 몸을 보더라도 태어날 때부터 정상적이지 않았기 때문에 운명적인데 대해서는 긍정적으로 자연스럽게 받아들이면서 또 한편으로는 벗어나려고 무의식적으로 항상 몸부림치고 있다는 것을 알았다. 그래서 만 배 백 일 기도를 하려고 마음을 먹으면서 '과연 할 수 있을까?'라는 불안감 때문에 잠재적으로 내가 내 자신에게 되묻곤 했었다.

그런 와중에 기도 전날 식은땀이 날 정도로 생생한 꿈을 꾸었다.

세상에서 제일 높은 산, 웅장하고 장엄하게 펼쳐진 엄숙하고도 아름다운 산, 도저히 인간계의 산이라고 믿어지지 않는 산, 산 아래엔 절벽이 아득하게 펼쳐져 있고 층층이, 겹겹이 쌓인 안개구름 위로 최고의 정상 봉우리에 올라갔다.

맞은편 똑같이 비슷하게 생긴 산의 봉우리 정상에 엄마가 서 있었다.

엄마는 나를 보고 있었다. 그리고 어서 건너오라고 손짓을 했다. 산의 정상과 정상 사이에 가냘픈 외나무다리가 연결되어 있고, 외나무다리 밑에는 절벽이 가파르게 깎아내려간 소름 끼치고 무서울 정도의 까마득한 낭떠러지였다.

계속 오라고 손짓하는 엄마를 향해 나는 한 발자국씩 한 발자국씩 조심스럽게 옮겨가고 있었는데 중간쯤 다다르는 순간, 다리가 부서지면서 난 비명소리와 함께 낭떠러지로 떨어지고 있었다.

그 순간도 잠시, 아주 고운 흰옷을 입은 청아한 여자 한 분이 떨어지는 나를 끌어안고 다시 외나무다리로 올라와 나를 내려놓았다. 그리고 부서진 외나무다리에 부목을 붙여 끈을 매어 다시 연결해 주고는 어디론가 순식간에 사라져버렸다.

나는 다시 정신을 차리고 한 걸음씩 한 걸음씩 엄마한테 다가가고

있었다.

　너무나 생생한 꿈이었다. 꿈을 깨고도 잠시 멍하게 앉아 있었다. 백일기도 전날에 꾼 꿈이라 '불안하지만 알 수 없는 그리고 다시 안정된 느낌.'
　불보살의 가피력을 입을 것 같은 느낌이 들었다.
　나는 1996년 1월 30일 대학을 졸업하고 2월 1일 0시부터 만 배 백일기도에 들어갔다.

생명을 담보로 한 도전장

만 배 백일기도.

결코 쉬운 게 아니었다. 하루에 만 배씩 하려면 네 시간 정도 자면서 그 외 시간에는 절만 해야 가능한데, 그것을 백일 동안 하는 처절한 그러나 꼭 해내야하는 기도였다. 수행을 하는 스님들도 힘들다고 하는 수행의 한 방편이다.

이렇게 인간의 극한상황을 요구하는 기도를 하려고 마음먹은 것은 내 운명에 정면으로 대면하고 싶다는 바람 때문이었다.

사실 절을 함으로써 죽음의 벼랑에서 다시 살아났고, 게다가 장애를 치료했다고 해도 지나친 말이 아닌 나, 그런 나에게 절은 물리적인 치료법으로도 충분한 효과를 입증했다. '언제, 어느 순간에, 어떻게'라는 식으로 잘라 말할 순 없지만 비틀어지고 덜렁거리던 사지가 제자리를 찾고 정상적으로 움직이게 된 가장 큰 이유가 이십여 년 동안 행해왔던 바로 '절'이라는 것에 한 올의 의심도 있을 수가 없다.

정확하게 22년 동안, 매일 하루도 빠지지 않고 천 배씩 한다는 자체가 사실 나 스스로 생각해도 참 징그럽다. 그런데 그것도 부족해 만 배 백일기도를 기어코 해보겠다고 결심한 것은 육체적인 변화를 위한 결심이 아니었다. 그것은 바로 운명에 대한 도전이었고 나를 내 힘으로 더욱 반듯하게 일으켜 세우고 싶다는 소망 때문이었다.

내 몸이 놀라울 만큼 좋아지긴 했지만 어쨌거나 나의 신체적 조건은 지극히 평범한 상태는 아니었다. 그렇기 때문에 장애를 가진 몸과 한결같은 염원을 가진 마음이 인생의 주사위를 던져서 해답을 얻고 싶었던 것인지 모른다.

"부처님. 하늘이 내린 숙명, 전생에 대한 업보에 나의 이생에서의 생명을 담보로 당당하게 도전합니다. 운명이라는 것에 맞서서 도전합니다. 만약 실패하면 나는 나의 생명을 드리겠습니다."

백일기도를 결심하면서 얼마나 많이 그렇게 되뇌고 되뇌었는지 모른다.

솔직히 백일기도의 고통을 이미 아는 나였기에 실천의 순간을 잡기가 쉽지가 않았다.

어렸을 때 엄마가 만 배 백일기도를 하는 모습을 직접 내 눈으로 보면서 얼마나 힘들고 죽을 고비가 있는지 잘 알고 있었다. 나 스스로도 초등학교 때부터 스스로 만 배를 해 보았기 때문에 실제로 그 육체적 고통의 깊이를 뼈저리게 기억하고 있었다.

당연히 하고 싶다는 의욕과 불안한 두려움이 마음속에서 갖가지 상념과 감정들을 먼지처럼 일으키며 싸웠다.

하지만 거울을 통해 보이는 달라진 내 모습과 오랜만에 나를 보는 사람들의 놀랍다는 인사말과 기억 속에 박혀 있는 심하게 일그러져 제대로 걷지도 못하던 어린 시절의 내 모습은 결국 의욕이 두려움을 덮게 만들었다.

어쩌면 절 수행의 극한점이라고 알려진 만 배 백일기도를 하면 육체적 정신적 껍질이 번데기처럼 벗겨질지도, 그리하여 내가 나비처럼 날 수 있을지도 모른다는 생각을, 내 운명을 내 손으로 새로 그려낼 수 있을지도 모른다는 생각을 굳혀간 것이다.

드디어 1996년 2월 1일 나는 만 배 백일기도를 시작하였다.

그 날은 내가 대학을 졸업하던 다음 날이었다.

내가 대학에 다니면서 졸업한 다음날로 디데이를 잡은 데에는 이유가 있었다. 바로 시간의 여유 때문이었다.

졸업 전에는 학교 공부나 일상적인 생활을 해야 하므로 도저히 만 배라는 것을 엄두도 낼 수 없다. 물론 졸업을 했으면 스스로를 책임질 수 있는 직업을 가지기 위한 공부를 하거나 시험을 봐야겠지만 새로운 사회의 출발에 앞서 나에게는 만 배 백일기도 또한 가장 먼저, 가장 소중하게 치러내야 할 과제였다. 그것은 새로운 삶을 위한 통과의례였다.

대학에 입학하면서 노트 맨 앞장에 적어 놓은 글귀가 있다.

'새는 알에서 나오려고 투쟁한다. 알은 세계이다. 태어나려는 자는 하나의 세계를 깨뜨려야 한다. 새는 신에게로 날아간다. 신의 이름은 아프락삭스.'

헤세의 소설 데미안에 나오는 글이다.

나는 새로 태어나기 위해 하나의 세계를 깨뜨려야 했고 만 배 백일기도는 그 상징적 의미였다.

　내가 만 배 백일기도를 새로운 삶의 열쇠로 선택했던 까닭은, 그럴 수 있었던 이유는, 그럴 수밖에 없는 환경과 조건이 주어졌기 때문이라는 생각이 든다.

　그 환경과 조건은 바로 내가 장애자라는 사실과 '절'을 평생의 동반자로 가지게 된 상황이다. 하늘은 기가 막히게도 극과 극의 숙명을 준 것이다.

　극적으로 나쁜 점은 '장애'를 지닌 몸을 준 것이고, 극적으로 좋은 점은 '장애'라는 쇠사슬에 도망치지 못하는 운명을 준 대신 내가 그런 운명에 도전할 수 있도록 힘이 되어주는 '사람과 환경'을 주었다는 것이다.

　성철 큰스님과 엄마, 이 두 분이 바로 그 대표적인 분들이라 하겠다.

　하지만 결국 여기서 문제를 풀 수 있는 사람은 '나'라는 것을 난 안다.

　삶도, 죽음도, 도전도, 다 내 몫이다. 운명의 재판을 나 스스로 해야 하는 것이다. 그래서 나는 주사위를 던졌다. 감히 운명을 향해……하늘이 준 운명을 향해!

　운명을 짐처럼 평생 안고 살아가긴 싫었다. 엄마한테도, 동생한테도, 사회에서도 짐이 되기 싫었다. 다른 사람들처럼 당당한 삶을 살고 싶었다.

　당당한 삶을 향한 갈망은 절규보다 절절한 것이었다.

　나는 만 배 백일기도가 스스로를 구출할 수 있는 길이라고 굳게 믿고, 1996년 2월 1일 0시에 합장을 한 채 무릎을 꿇었다.

옛날 증기기관차가 스스로 움직이기 위해 요란한 소리와 함께 증기를 뿜어내듯 내 몸에서는 열이 끓고 심장박동소리가 내 귀를 울렸다. 이제 겨우 몇 배에 몸이 힘들어서가 아니었다. 그것은 형언할 수 없는 벅찬 느낌과 동시에 알 수 없는 두려움 때문이었다.

하지만 가능한 한 호흡을 조절하면서 나를 가라앉히려고 애썼다.

일 배, 이 배, 삼 배, 사 배……

10분, 30분, 1시간, 2시간……

시간이 흐르면서 가뭄에 힘겨워하던 잎사귀가 제 색깔을 찾아가듯 내 몸은 오히려 안정되어갔고 백일 동안 절을 해야 한다는 부담감도 어느새 저녁 노을빛처럼 사라졌다.

좌구 위에 무릎을 꿇고 앉아 허리를 굽혀 머리를 낮춘다. 살아오면서 내 몸과 입 그리고 생각들이 무심결에 지은 죄업을 바라본다. 입으로 예불대참회문을 끊임없이 외우며 머리로는 부처님을 생각하고 또 머리와 몸을 숙여 몸으로 참회한다.

절이 깊어질수록 호흡이 고르게 되고 내 몸이 그리고 절 동작이 스스로 리듬을 찾아 제 갈 길을 가는 것이다.

마치 등산하는 심정으로 나는 묵묵히 일 배씩 실천에 옮기고 있었다. 산이 있어 산을 오른다는 말처럼 절을 해야 하기에 나는 그저 절을 했다.

주왕산 폭포 / 162×130 / 한지에 수묵 / 1998년 작

만 배 백일기도, 그 생사의 행렬

　백일기도를 시작한 후로 하루와 하루의 경계처럼 내 방은 고요의 빛 속에 잠겨 있었다. 그리고 경건함이 시간에 따라 각도를 달리 하며 방을 비추는 햇살처럼 내 주변을 감싸고 있었다.
　얼마나 지난 뒤였을까?
　언제부터인가 목이 타고 통증이 오기 시작했다. 그렇다고 무작정 쉬거나 물을 마실 수는 없는 노릇이다.
　만 배는 그야말로 초 단위의 투쟁이다. 일 분 일 초를 헛되이 보내면 해낼 수 없다. 하다가 너무 힘들다고 잠시만 쉬고 싶어서 쉬게 되면 그 자체가 포기가 된다.
　만 배에서 쉰다는 의미는 천천히 속도를 낮추는 것이어야 한다. 결코 절 동작 자체를 멈추고 쉬는 것, 퍼질고 앉아서 쉬는 일은 삼가해야 한다. 죽을 만큼 숨쉬기 힘들면 모르겠지만 말이다.
　시계도 볼 필요가 없다. 몸의 시계가 거의 정확히 시각을 말해

준다.

  물론 만 배를 마치는 시간은 항상 고정적으로 같지는 않다. 몸과 마음의 상태에 따라 잘 되는 날도 있고 못되는 날도 있기 때문이다. 기계가 아니라 사람의 몸이기 때문에 정확한 예측을 할 수 없으며 항상 긴장하면서 하루하루 조심스럽게 절을 해야 한다.

  한 마디로 아무리 내 몸이지만 그 몸이 내 마음대로 호락호락한 것이 아니라는 것을 극한 상황을 경험해 보면 절감할 것이다.

  사천 배 가까이 되면 아침 6시가 되어간다는 뜻이다. 매일 천 배씩 한 나한테는 사천 배 정도는 큰 저항 없이 해낼 수 있다. 아침 6시쯤이면 절 수행을 오래하신 보살님들은 삼천오백 배를 넘어서고 있고 만 배에 익숙하지 않은 분들이라면 삼천 배 정도 절을 마치게 되는데, 대체로 처음 만 배를 하거나 몇 번하신 분들은 삼천 배 내외에서 그리고 칠천 배 내외에서 한차례씩 고비가 온다. 만약 이때 그 고비를 이겨내지 못하고 '이후에' 하고 다음으로 기약하면 영원히 못하거나 견딜 수 없을 만큼의 힘든 고통이 따른다.

  처음 하시는 분은 누구나 똑같이 치르는 신고식(?) 같은 이 고비를 넘기느냐, 못 넘기느냐라는 차이에서 만 배를 할지, 못할지 결정이 난다. 힘들더라도, 도저히 할 수 없을 것처럼 힘들더라도 조금만 더 참고 그 고비를 이겨내고 열심히 하면 해결된다는 것이 내 경험에서 얻은 교훈이다. 그러니 이왕 시작한 만 배 수행이라면 죽겠다는 심정으로 각오를 단단히 하는 것이 현명할 것 같다.

  밤 12시 자정에 시작한 절은 아침 6시가 되면 일차 휴식을 가진다. 말이 휴식이지 쉰다는 뜻이 아니다. 밥을 먹기 위해서다. 이때 밥은 순전히 절을 할 에너지를 얻기 위해 먹는 것이다. 먹고 싶지 않고 넘어가지 않더라도 억지로라도 먹어두어야 한다. 절하는 사람들끼리 우스갯소리로 하는 말이 '절은 순전히 밥 힘!' 이라고 하는데 정말 근거 있는 말이다.

그만큼 절은 에너지 소모량이 상상외로 많다.

물론 밥은 밥맛이 아니라 그야말로 모래알 씹는 맛이다. 몸은 고통스럽고 잠은 쏟아지니 당연히 입안의 밥알은 모래알이 되어 굴러다닌다.

특히 절에 이력이 붙지 않은 사람일수록 식사를 얼마하지 못한다. 그저 국 한 그릇 후루룩 마시거나 차 한 잔이나 과일로 입을 축이는 정도로 대신한다. 하지만 길게 보면 좋지 않다.

점심은 11시 30분경에 하게 된다. 이즈음이면 절은 칠천 배 가량 하게 된다. 점심 식사 전에 최대한 해놓아야지 이후에 몸의 부담을 줄여줄 수 있기 때문이다. 일반적으로 사람들은 식사 후에 급격히 속도가 줄어들고 힘들다. 그렇기에 기를 쓰고 점심 전까지 오천오백~육천 배를 맞추려고 노력한다. 절 수행에 좀 더 익숙한 분들은 육천~칠천 배까지도 마친다.

그리고 사실 그때부터 남은 삼천 배는 말할 수 없이 고통스럽고 그리하여 최대의 고비의 순간이 되기도 한다.

거의 12시간을 절만 하면 보통 인체공학적으로 볼 때 몸은 늘어지고 졸음이 쏟아진다. 그런 상황에서 식사를 하는 시간이 길수록 긴장이 풀린다. 그래서 나는 최대한 빨리 식사를 하고, 대신 그 후에는 얼마동안 천천히 절하는 방법을 택했다. 천천히 절하는 것이 쉬는 시간으로 대체되기 때문이다.

  육천 배 이상 되면, 몸의 수분 흡수에 이상이 생긴다. 물을 마셔도 도저히 갈증이 해소되지가 않는 경우가 있다. 이때에는 수분이 많은 과일을 먹으면 갈증해소에 도움이 된다.

  인체공학적으로도 절이 몸에 배어 있지 않은 사람들은 점심식사 이후부터는 마시고, 먹고, 화장실을 드나들고, 하는 횟수가 많아진다. 그런데 그럴수록 몸은 천근만근이 되고, 당장 주저앉고 싶은 유혹이 발톱을 세우고 달려든다. 하지만 견뎌내야 한다. 나만 특별히 그런 게 아니라 만 배를 하게 되면 누구나 겪게 되는 과정이라고 생각하고 마음을 모으고 털어내야 한다.

  긴 세월동안 절을 생활화해 왔던 나 역시 점점 견딜 수 없게 힘들진대 절이 몸에 익지 않은 사람들은 더더욱 힘들게 마련이다. 하지만 그런 힘든 과정을 지나야 함을 누구나 잘 알 것이다.

  나는 오후 5시~5시 30분 정도 사이면 하루 만 배가 끝났다. 그러면 다음 날을 위해서 저녁 6시쯤 저녁밥을 먹고 바로 일찍 잠을 잤다. 그리고 다시 밤 11시~11시 20분 정도에 일어나서 식사부터 한다. 이렇게 기도 중에는 하루 네 끼를 먹는다. 에너지 소모량이 정말 크기 때문에 그렇지 않으면 유지하기가 어렵다.

  거의 기계적으로 야식을 하고 나서 새로운 만 배를 시작한다.

  백일기도를 시작할 때 엄마는 아예 달력을 보지 말라고 충고해주셨다.

  시간과 날짜를 잊어버리고 하루하루 절에 충실하다보면 마음의 조급함이 없어진다는 것이다.

역시 엄마 말씀은 옳았다.

달력을 안보니 오히려 마음이 안정되고 집중이 되어 심리적으로 빨리 편안해지는 것 같았다. 그리고 내 몸에 익숙해진 절의 숫자에 의해 쉬는 시간도 비슷하게 진행되어 큰 오차 없이 마치고 시작되었다.

나의 만 배 백일기도에는 나 말고 또 한 사람이 나의 그림자가 되어 참여하고 있었다고 말해야 옳은데, 바로 나의 엄마가 그랬다.

내 경우엔 대략 몇 번의 절인가에 따라 시각을 짐작할 수 있었는데, 엄마는 그에 맞춰 때가 되면 어김없이 식사를 가지고 들어왔다. 절을 하는 사람은 나였지만 만 배를 해낼 수 있도록 최상의 조건을 만들어주신 분은 엄마였다. 엄마는 가능한 한 0.1초라도 시간을 줄여주려고 온갖 정성을 다해주었다.

식사를 하는 동안이 엄마와의 유일한 대화시간이었다. 엄마는 몸의 상태에 대해 묻기도 하고 경험자로서 충고도 해주셨다. 하지만 결코 내가 약해지는 틈을 주지는 않으셨다. 오히려 단 한 순간도 절에 대해 의식을 놓치지 않게 지극히 이성적인, 그래서 냉정하게만 느껴지는 말과 어투였다.

그렇다고 엄마의 태도에 서운함을 느낄 겨를도 없었다.

만 배 백일기도를 하면서 얻은 결론 중 하나는, 몸이란 놈은 참으로 영악하다는 사실이다.

몸은 자꾸 편하게 지내자고 유혹을 한다. 그리고 그저 틈새를 노린다. 나는 유혹의 틈새를 되도록 줄이기 위해 가능한 한 쉬는 시간을 줄이려고 노력했다.

백일기도를 시작한 지 20여 일 정도 지나자 서서히 온몸이 불만을 나타내기 시작한다. 잠자던 호랑이가 깨어나서 달려들 듯이 가끔 정신을 흔들고 살기 어린 협박을 해댔다. 몸이 굉장히 심하게 화를 내고 있었던 것이다.

참으로 다행스러운 것은 그 때의 나는 이미 15년 동안 절을 해왔기 때문에 내 몸에서 자라온 '인내' 가 고통과 맞서서 잘 싸워 주고 있었다. 그러니까 통증과 인내의 싸움인 것이다.

온몸에 매를 맞는 듯한 통증이 밀려올 때면 도저히 견딜 수 있는 정도가 아니어서 차라리 내 몸을 버리고 싶을 정도였다. 대부분의 사람이 20일~30일 정도에 위기가 온다고 말은 들었지만, 상상을 뛰어넘을 만큼 이토록 처절한 통증일 줄은 몰랐다.

머리에서 발끝까지 아프지 않은 데가 없고 땀이 눈에 들어가서 눈까지 헤집어놓은 듯 따가웠다. 눈을 뜨기가 괴로웠다. 절을 할 때는 좌구에 머리가 닿는 순간이 아니면 되도록 땀을 닦는 데 시간을 주지 않아야 하기 때문에 땀을 그냥 둘 수밖에 없는데, 당연히 땀이 눈으로 들어가 따가울 수밖에 없었다.

시간이 지날수록 고통은 악귀가 되어 날 잡아먹을 듯 덤벼들었고 만 배 백일기도의 의미를 스스로 챙겨들었던 나는 사정없이 와해되고 있었다.

허리통증, 무릎과 발목관절, 발가락, 발바닥의 통증, 현기증, 두통, 사지통······, 몸이 천근만근 같을 뿐 아니라 힘이 하나도 없는 무력증까지 겹쳐 이루 말로 다 할 수 없는 육체의 고통이었다.

그래도 포기하지 않고 해내겠다고 의지를 다지고 다졌지만 참으로 불가항력 같았다. 점점 무게를 더해 오는 고통 속에서 사람의 한계는 너무 약했고 나는 온 몸으로, 온 마음으로 울부짖기 시작했다.

'내가 왜 이렇게 해야 되나. 왜 이런 몸으로 태어나서 이렇게 죽을 듯이 절을 하고 있어야 하는 걸까.'

육체의 고통은 결국 마음의 허약함으로 이어졌다.

왜 이런 고통을 스스로 껴안아야 하는 운명을 주었는지 하늘이 야속하기만 했다. 차라리 세상에 태어나게 하지 말든지 그렇지 않으면 좀 반듯하게 해서 보내주든지, 원망스러웠다.

"왜 내가 이렇게 해야 되는 건가요? 왜 목숨을 버릴 각오로 극복해야 할 운명을 주셨나요?"

눈물이 뒤범벅이 되어 울면서도 나는 그때까지 절을 계속 했다.

시간이 지나도, 횟수가 거듭될수록 온몸의 통증은 가라앉지 않았다. 지칠 줄 모르고 아주 격렬한 데모를 하고 있었으며, 온 몸이 구석구석, 아프지 않은 데가 없었다.

게다가 한 가지 특이한 것은 전체적으로 아프지만 그날그날에 따라 특히 심하게 아픈 데가 있었다.

어떤 날은 허리가 끊어질 듯이 아파서 허리를 펴지 못할 정도가 될 때도 있고, 어떤 날은 무릎을 망치로 두드리는 것처럼 너무 아파서 움직일 수가 없고 어떤 때는 발바닥에서 불이 났다. 발바닥이 쇳덩이처럼 무겁고, 어떤 때는 목을 가눌 수 없을 정도로 목뼈가 뒤틀리듯 아팠다.

또 어떤 때는 마치 딱따구리가 나무를 쪼아대듯 내 머리를 마구 쪼아대어 머리가 너무 아프고 구토가 날 때도 있었다.

집중적으로 한 곳을 공략하는 통증은 이상하게도 한 곳에만 머무르지 않고 여러 부위를 돌아가면서, 마치 회전목마처럼 돌아가면서 아팠다.

그 중 제일 괴로울 때는 머리가 아프고 속이 메스꺼워 구토가 날 때였는데 그럴 때면 내 몸이 내가 의식하기도 전에 휘청거리는 것을 느낄 수 있었다.

또 하나, 미칠 것 같은 적은 바로 '땀띠'였다.

하루 만 배를 마칠 때마다 억지로 저녁을 먹고 바로 나무등걸처럼 좌구 위에 쓰러지는데, 그렇게 피곤한 중에도 온몸이 벌에 쏘인 듯 쑤시고 온몸에 땀띠가 나서 따끔거려 건드릴 수가 없었다. 하지만 이미 그런 것은 대수가 아니었다. 도무지 깊은 잠을 잘 수가 없을 만큼 통증이 심한 게 문제였다.

몸 전체가 굳어지듯이 아파오는 전율, 그런 전율 때문에 잠시 잠을 잔다 해도 깊이 자지 못했다. 그나마 그 시간마저 항상 너무 빨리 지나기 때문에 잠자는 시간이라기보다는 아파서 신음하는 시간이었다.

그렇게 엎어진 채로 있으면, 이렇게 죽을 것 같은 불가항력의 상태에서 과연 또 일어나서 절을 할 수 있을까? 라는 의문이 눈물이 되어 흘러내렸다.

그런데 신기하고 또 신기한 것은 절하는 시간이 되면 나도 모르게 자동적으로 눈이 뜨여진다는 사실이다. 눈을 뜰 때마다 내가 살아 있다는 게 믿어지지 않고 신기하기만 했다.

'내가 살아있다니!'

'내가 살아있다니!'

죽을 것 같았는데 죽지도 않고 깨어나는 것을 경험하며 도대체 생명이라는 게 어디까지가 한계인지, 도무지 알 수가 없었다. 살이 찢어지는 아픔과 움직이기조차 힘겨운 상태였는데…… 거기서 눈만 감으면 모든 생명활동이 끝날 것 같았는데…… 다시 깨어났다. 그런 중에도 긴장된 인체시계가 내 몸을 깨우는 것이다.

이미 절을 하는 것은 내가 아니었다. 절 동작이 내 몸을 리듬에 맞춰 움직이게 하는 것이었다. 마치 이미 나는 죽었는데 또 다른 내가 내 몸을 움직이는 것 같은 미묘한 느낌, 죽음과도 같은 상황에서 내 몸은 그런 느낌을 떠올리고 있었다. 몸의 기억이 시간우물 속에서 과거의 어느 날을 건져 올리고 있었던 것이다.

그 두레박에는 헝겊인형처럼 사지가 제멋대로 덜렁거리는 일곱살짜리 뇌성마비 여자아이가 절이라고 볼 수 없는 동작으로 부처님 앞에서 절을 하고 있었다.

걷지 못하는 아이

내가 절을 하게 된 것은 성철 큰스님과의 인연 때문이었다. 그리고 죽을 것 같았던 내가 죽지 않고 살아난 것은 그리고 장애를 딛고 이 사회에서 내 자리를 당당하게 서게 된 것은 바로 절 때문이었다.

장애인으로 태어났지만 그것을 오히려 내 삶에 플러스로 작용하게 만들어 지금의 삶의 좌표에 서 있을 수 있었던 것은 나 자신과 인생 그리고 그것의 법칙인 인과(因果)를 바라보는 내 마음의 힘 때문에 가능한 일이었다.

그 마음의 힘은 바로 성철 큰스님과의 만남에서 그 뿌리를 내리기 시작했다.

사람은 살아가면서 몇 번의 기회를 얻는다고들 한다. 그 기회를 잡아서 제 것으로 잘 만든 사람은 성공한 삶을 살게 된다고 한다. 그 성공의 기준이야 여러 가지겠지만 말이다.

그러한 기회와 마찬가지로 살아가다 보면 인생의 전환점이나 등

대가 되어준 귀한 사람을 만나기도 한다.

내게는 폭풍우치는 밤바다의 배와 같은 내게, 등대의 빛으로 존재하시는 성철 큰스님이 바로 그 귀한 분이시다.

성철 큰스님이 열반하신 지 벌써 10년이 지났다. 93년에 낙엽들이 새로운 생명을 위해 기꺼이 제 몸들을 낮은 곳으로 낮은 곳으로 낮출 때, 11월 4일 큰스님은 열반에 드셨다.

성철 큰스님을 만난 것은 죽음의 벼랑 끝에서였다.

그것은 일곱 살 때였다.

첫 돌이 지나서 뇌성마비라는 진단을 받았지만 집안 형편상 별다른 치료를 받지 못하던 내가 갑자기 목숨이 위태로울 만큼의 고열과 경기를 일으키며 사경을 헤매는 지경이 되어버렸다. 적절한 치료를 받고 있지는 않았지만 힘겨운 몸짓으로나마 걷기도 하고 의사표현도 하는 등 많이 좋아지고 있던 내가 일곱 살 되던 해 갑자기 고열과 함께 심한 경기를 일으키며 온 몸이 굳어져간 것이다.

병원에서는 가망이 없다는 말만 할 뿐이었다. 그때 엄마는 마지막 지푸라기라도 잡겠다는 심정으로 막연히 해인사 백련암으로 달려갔다. 성철 큰스님을 만나기 위해서였다.

내가 발병하던 그 날 엄마는 내 곁에 없었다.

엄마와 나, 동생 경아는 이미 일 년 전쯤 집에서 나온 상태였다. 엄마 아빠는 이혼을 하셨고 엄마가 어린 두 딸의 손목만 잡고 험난한 세상으로 뛰어든 것이다.

우리 가족이 아픈 역사를 갖게 된 데에는 내가 큰 몫을 한 것 같아 항상 자라면서 늘 내 마음 한 구석이 불편했다.

선몽 그리고 절

1975년 1월 12일, 경주의 한 작은 개인병원에서 나는 엄마 아빠의 사랑의 결정체로 세상에 나왔다.

그런데 엄마 뱃속에서 세상으로 힘겹게 빠져나온 아기가 울지를 않더란다. 태어나면서 "으앙!" 하고 터트리는 첫 울음, 바로 세상과의 첫 대화를 하지 않더란다.

의사와 간호사가 엉덩이를 수차례 때려도 울지 않던 내가 어느 한 순간 그저 가늘게 두어 번 울었다는 것이 곧 나의 암울한 태생을 예견한 전주곡이었다.

태어날 당시 몸무게는 1.6킬로그램, 곧장 인큐베이터 속에 들어갔어야 했는데 당시의 현실은 그것을 허락지 않았다. 가정경제를 책임져야할 아빠는 오랜 시간 실직상태였던 것이다. 부산대학교 무역학과를 졸업한 아빠는 사실 온 집안의 기대를 한 몸에 받고 있었다.

하지만 세상과 아빠는 서로 다른 언어로 얘기를 했을까.

아빠는 세상 속에서 자신이 원하고 가족들이 원하는 모습으로 살아가지 못했다. 자신의 이상(理想)이 점점 멀어져가는 현실 속에서 아빠는 좌절했고, 무기력하고 무책임하게도 술 속으로 빠져 들어갔다.

원하는 대로 되지 않는 세상살이와 할아버지 할머니의 기대 그리고 여러 가지 책임감이 아빠를 비겁한 도망자가 되게끔 했을까. 하지만 아빠의 선택은 결국 엄마와 두 딸 그리고 자기 자신까지도 불행하게 만들어 버렸다.

그때 혹 인큐베이터에서 엄마와 같은 체내의 시간을 연장했다면 내가 달라졌을까.

돈이 없어 현대의학의 혜택을 받지 못한 나는 그저 엄마의 관심과 사랑과 소망으로만 자라나야 했다. 그런데 그런 사랑이 무색하게도 엄마의 첫 아기는 점점 다른 아이들과 다른 길을 가기 시작했다. 백일이 지나도 목을 가누지 못했고, 육 개월이 지나도 앉지 못했다.

돌이 지나도 걸음마는커녕 여전히 생후 몇 개월짜리의 행동발달에 머물고 있는 나, 엄마는 벌렁거리는 가슴을 안고, 한편으로 끊임없이 고개를 내저으면서 병원을 찾았다.

진작 병원에 가봐야겠다는 생각이 들었지만 자꾸 미루었던 것은 경제상황 때문만이 아니었다. 엄마는 두려웠다.

"그 이유를 정확히 알 수 없었지만 난, 두려웠다. 너무 두려워서 차마 병원으로 갈 수 없었어."

그저 내가 성장이 더딘 편에 속하는 것이라고 생각하면서 엄마는 매일 가슴 속으로 주문을 외듯, "어서어서 자라라." 그렇게 되뇌기만 했다. 애써 병원 간판을 외면하면서 말이다.

엄마의 주문은, 그러나 물거품처럼 무력했다.

병원에서는 날벼락 같은 선고를 내렸다.

뇌성마비.

"설마! 설마!"

엄마는 미친 사람처럼 나를 데리고 이 병원 저 병원으로 쫓아다녔다. 오진이길 바라면서. 그러나 현실은 악몽보다 더 지독했다.

내가 장애라는 선고를 받은 뒤부터 아빠는 더 깊이 술 늪으로 빠져가고 있었다.

아빠한테 거는 기대가 워낙 컸던 할아버지와 할머니는 망가져가는 아빠 그리고 뇌성마비인 손녀 때문에 어두운 표정으로 인생의 석양을 그렇게 보내셨다. 그 분들의 쓸쓸해 보이던 모습이 지금도 또렷이 기억난다.

할아버지는 철도청 공무원으로 정년퇴직을 하셨고 별다른 수입 없이 퇴직금으로 생활하셨는데 아빠가 무직상태였으므로 우리 집의 경제상태는 뻔했다. 게다가 그 당시만 해도 의료보험 혜택이 되지 않아 3일 정도 치료를 하면 한 달 생활비가 날아갔다.

나 때문에 우리 집 생활은 더욱 쪼들리게 되었고 결국 내게 필요한 치료는 얼마 가지 않아 중단되고 말았다.

보통의 가정에서 보통의 사람들에게 2세 탄생은 축복이지만 우리 가족과 나에겐 하나의 비운이었던 것이다. 결국 나는 '이상한 아이', '병신'이라는 사람들의 말을 들어야 하는, 엄마 가슴에 박혀 늘 피 흘리게 하는 대못으로 존재하게 된 것이다

나 때문에 남몰래 피눈물을 흘려야 하는 엄마에게 하늘은 힘이 되라고, 희망을 가지라고 동생을 보내 주었을까.

내가 태어난 지 14개월 만에 내 동생 경아가 우리에게 왔다.

그리고 동생은 나와 달랐다. 신체발육이 어찌나 좋은지 우량아에 가까웠다.

9개월에 대소변을 가리고 돌 무렵에는 마음대로 뛰어다니는 경아를 보면서 엄마는 환희를 느끼면서 동시에 그 두 배 만큼의 아픔을 느끼셔야 했다. 그때까지 기어 다니는 나 때문에.

나는 그렇게 4살까지 기어 다니는 아이였다.

다섯 살쯤 되어서야 겨우 한 발자국 한 발자국 발걸음을 떼놓을

때 엄마는 감탄하고 또 감탄하여 감정을 잘 드러내지 않는 편인데도 눈물이 글썽거리셨다고 했다.

아빠는 그 동안 몇 번 취업을 하셨지만 늘 뜻에 맞지 않는다고 그만 두었고, 아예 술로 사는 사람이 되어 버렸다. 그뿐만이 아니었다. 아빠는 가끔 엄마와 나, 경아를 때리기 시작했다. 술 속의 독이 결국 아빠를 인간이 가져야하는 최소의 모습마저 조금씩 갉아먹기 시작한 것이다.

아직도 기억에서 지워지지 않은 것은 내가 맞으면서 아파서 소리 지르는 것을 막기 위해 아예 내 입에다 수건이나 옷가지 등을 입에 물리고 때리던 아빠의 얼굴이다.

결국 엄마 아빠는 헤어졌고, 엄마는 양손에 각각 경아와 나를 잡고, 정말 우리 둘의 손만 붙들고 집을 나오셨다. 이 잔인하고 냉혹한 현실 속으로 어리고 어린 아이 둘을 데리고 뛰어든 거였다.

게다가 한 아이는 걸을 때마다 팔다리가 각각 다른 방향으로 돌아가고, 실로 연결된 헝겊처럼 덜렁거리고, 말을 하려면 온 얼굴근육을 다 움직이며 한참을 걸려야 겨우 한 두 마디 소리되어 입 밖으로 나오는 아이였다.

하지만 엄마는 울거나 한숨쉬지 않았다.

두 아이가 세상 속에서 제 꿈을 펼쳐나가고 있을 때까지는 눈물과 한숨을 당신의 가슴 속 깊이 넣고 자물쇠를 채워버리신 것이다.

그랬다. 나의 엄마는.

우리 세 모녀의 홀로서기는 구타로 인한 육체적 고통에서는 벗어났지만 또 다른 고통의 연속일 수밖에 없었다.

단칸방에서 우리 세 사람은 엄마의 하루하루의 노동으로 겨우 배고픔을 면하며 살았다. 그것은 살아가는 것이 아니라 견뎌내는 것이었다.

결심만으로 살 수 없는 현실이었고 엄마는 죽고 싶다는 생각까지 하게 되었다.

"이제 우리 죽자. 하늘이 우릴 버리는 모양이다. 우리 이제 죽자."

우리 둘을 앉혀 놓고 그렇게 말하는 엄마의 표징은 슬픔도 분노도 느낄 수 없었다. 완벽한 무표정이었다. 하지만 나는 무서웠다. 어린 마음에 그 말이 어찌나 무섭고 충격적이던지 아직도 생생하게 기억하고 있다.

무섭고 급한 마음에 그렇잖아도 제대로 하지 못하는 말이 더욱 힘들게 내 속에서 빠져나왔다. 나는 있는 힘껏 엄마의 팔을 잡으며 말했다.

"엄마, 살자. 살자."

왜 그렇게 매달렸을까.

어린 게 죽는 게 뭔지 알기라도 했을까. 게다가 아무리 어려도 자신이 다른 사람의 모습과는 다르다는 것을 이미 알았는데도 왜 그렇게 죽기 살기로 엄마한테 매달렸을까. 살자고, 죽지 말자고.

나를 가만히 바라보던 엄마가 내게 되물었다. 꽉 잠긴 목소리로.

"뭐 먹고, 어떻게 살아갈래?"

나는 이렇게 대답했다. 자꾸 돌아가는 얼굴을 엄마에게 향하게 하려고 기를 쓰며.

"엄마. 내가 망태기 쓰고 돈 벌어올게. 어차피 이런 몸에 망태기

쓰면 돼. 엄마 내가 돈 벌어올게."

그때 엄마의 얼굴에 비로소 표정이 떠올랐다. 엄마는 불처럼 화가 난 표정으로 나를 한참이나 쳐다보았다. 난 더 이상 아무 말도 못하고 그저 떨고만 있었다. 얼마 후 엄마는 우리 두 자매를 힘주어 껴안았다. 얼마나 세게 안았는지 팔이며 가슴이 아플 지경이었다.

그 날 이후 우리는 엄마 말씀처럼 죽은 목숨이라 생각하고 다시 악착같이 살았다. 남들처럼 먹거나 입지 못한다는 각오로 또래 아이들과는 참 다르게 살았다.

며칠이 지난 어느 날 엄마가 나한테 물었다.

"망태기 쓰고 있으면 돈을 번다는 건 무슨 말이니?"

오랜 시간이 걸려 내가 한 대답은 이랬다.

"언젠가 시내버스를 타고 갈 때였어. 엄마 무릎에 앉아서 창밖을 보는데 시외버스 터미널을 지날 때 나이 많으신 할아버지와 장애아이 하나가 가마니 같은 망태기를 쓰고 있었는데 사람들이 지나가다가 돈을 던져 주는 것을 봤어."

엄마가 아무 말 없이 나를 본 것이 얼마동안이었을까.

어려서 정리할 수는 없었지만 아무튼 엄마의 표정이 무섭기도 하고 슬프기도 하고, 그래서 아무 생각 없이 말을 하던 내가 긴장했던 기억이 난다.

"다시는 그런 생각하지 마! 넌 다른 사람과 다를 뿐이지, 다른 사람보다 불쌍한 사람이 아니야. 그렇게 살고 싶어? 사람들한테 불쌍하다고 동정 받으면서 살고 싶어? 그게 싫으면 다른 사람보다 더 열심히 살아야해!"

엄마의 목소리는 크지도, 화가 난 목소리도 아니었다. 하지만 이상하게 그 말은 아주 단단하고 그리고 차가우면서도 동시에 뜨거운 화살이 되어 내 가슴에 박혔다. 그리고 그 화살은 평생 나와 함께 시간을 지내왔다. 내가 약해지려고 할 때마다 나를 자극하면서.

몸이 불편하면 마음은 비례하여 더 빨리 자라는 걸까.

난 그 나이에 인생에 대해 생각하기 시작했던 것 같다.

아무튼 하늘은 스스로 돕는 자를 돕는다고 했던가.

집을 나와 막막하기만 해서 죽을 생각까지 하던 엄마가 먼 친척이 하는 공장이랑 인연을 맺게 되었다. 베어링을 만드는 회사였는데 엄마가 들어가게 되었을 땐 사실 거의 부도 직전이었다. 그런데 운명처럼 엄마는 그곳에서 점차 능력을 발휘하기 시작하였다.

어떤 디자인이나 기능을 가진 제품을 만들면 영업이 되겠다는 판단이 빠르고 정확했다. 친척인 사장할머니는 엄마의 능력과 각오를 보고 마지막으로 회사에 투자를 했고 결과는 대반전이었다.

엄마는 자신도 신기하게 여길 만큼 그쪽 분야에서 능력을 발휘하게 되었고 또한 인정받았다. 제품개발에 대한 감각은 물론이고 영업 분야에서도 실력을 발휘해 회사는 점점 되살아나고, 당연히 우리 생활도 넉넉한 정도는 아니지만 벼랑 끝에서 조금은 뒷걸음칠 수 있었다.

우리는 생활비를 부엌 서랍안의 봉투에 넣어두고 다 같이 공동관리를 하는 생활을 했었다. 우리 자매는 6살, 7살 때부터 천 원이나 이천 원을 가지고 하루 반찬을 사고 하루를 지내야 한다고 생각했고, 그렇게 한 것이다. 그것이 바로 엄마의 자녀교육법이었다.

그리하여 집을 나온 지 1년 정도 만에 우리 세 모녀는 창원의 13평짜리 임대아파트에 옮겨가 새롭게 살기 시작했다. 희망을 안고 내일을 향해.

운주사 석조불감1/ 76×72 /한지에 수묵/2023년 작

성철스님, 나 여기서 죽을 랍니다.

힘겹고 고달팠지만 세 모녀는 서로를 의지하며 내일을 꿈꾸며 하루하루 살아가고 있었다. 그러던 어느 날, 엄마는 외갓집에 우리를 잠시 맡기고 서울로 볼 일을 보러 가셨다.

그런데 엄마가 떠난 그 날, 내가 갑자기 온 몸에 펄펄 열이 나기 시작했고, 고열 때문인지 심한 경기를 하게 되었다. 그 바람에 조금씩 풀리던 팔다리가 다시 뒤틀리고 굳어져 가기 시작했다.

놀란 외숙모는 나를 들쳐 업고 동네 병원으로 갔지만 동네 병원에선 이유를 모르겠다며 큰 병원으로 옮겨 가라는 말만 할 뿐이었다.

그 날 밤 엄마가 돌아와서 나를 데리고 마산 성모병원으로 갔지만 CT촬영까지 해도 원인을 알 수 없다며 의사는 이렇게 말했다.

"마음의 준비를 하셔야겠습니다."

이미 내 몸은 굳어갔고 음식은 물론 물조차 받아들일 수 없는 상태였다. 마음의 준비라니, 그것은 죽음을 의미하는 말이었다. 그야말로 청천벽력 같은 상황에서 엄마는 나를 업고 집으로 돌아오셨다.

밤새 조금씩 죽음의 빛깔이 짙어가는 내 몸을 뜬눈으로 지켜본 엄마는 그 다음날 나를 업고 집을 나섰다. 엄마의 발걸음이 무작정 향한 곳은 해인사 백련암이었다. 걸어가면서 엄마는 내게 이렇게 말했다.

"경혜야. 너는 지금 말이 나오지 않기 때문에 대답은 할 수 없지만 말은 알아들을 수 있지?"

나는 고개를 끄덕끄덕했다. 엄마는 말을 계속했다.

"너도 알겠지만…… 이미 병원에서 포기한 상태야."

엄마가 잠시 말을 멈춘 것은 숨이 차서가 아니었을 것이다.

"우리 인연이 여기까지인가 보다. 이 생에서의 인연은 여기까지인가 보다. 경혜야, 엄마랑 같이 죽자. 그 전에 할 일이 있다. 우리가 여태껏 살아온 동안에 대한 참회도 해 보고, 또 다음 세상에는 더 좋은 세상에서 더 좋은 인연으로 만나기를 기원하기 위해서라도 부처님께 절이라도 실컷 해보자. 힘들더라도 이 세상의 마지막이니 할 수 있겠지? 못해도 노력을 해보자…… 응?"

엄마의 말씀을 듣고 나는 다시 고개를 끄덕거렸다.

엄마는 그때 죽을 각오로 절을 하겠다고 결심했던 것이다.

"성철스님이라는 분이 계신데 삼천 배를 해야 만나 뵐 수 있으니, 어차피 죽을 목숨, 절이라도 한번 해 보고 죽자는 생각이 들었단다."

나는 그렇게 절과의 인연이 시작되었다.

내가 살아가게 되는 힘, 나를 극복하고 살아가게끔 마음의 힘을 키우게 해준 절은 그렇게 해서 내 인생으로 들어온 것이다.

절에 도착하자마자 엄마는 스님들에게 사정을 말하고 나와 함께 절을 하기 시작했다.

그 당시 내 몸의 상태는 그저 나무토막이 각각 이어져 만들어진 쓸모없는 나무상자에 불과했기 때문에 절을 한다는 자체가 무리이고 고통이었다. 그래서 일어섰다가 앉고 머리만 처 박아도 일 배로 인정한다고 스님들이 말해주셨는데, 나는 지금도 그 때의 기억이 나지 않는 것처럼 어찌어찌 아무 생각 없이 3일에 걸쳐 무려 삼천 배를 다 하였다.

어린 나이에, 그것도 죽음 직전의 몸으로 어떻게 해냈는지, 지금 내가 생각해도 믿기지 않는 일이다. 하지만 죽음과 삶의 경계선에 서 있게 되면 세상의 나이 따위는 아무런 기준이 될 수 없나 보다.

삼천 배를 마치자 나는 몸을 질질 끌고 담벼락 벽을 의지하여 조금씩, 조금씩 발자국을 떼어서 성철 큰스님이 계신 곳으로 갔다.

마침 큰스님은 마당에 나와 계셨고, 나는 쓰러질 듯 큰스님 앞에 엎드린 채 물어 보았다.

"스님, 저 죽는데요. 언제 죽어요?"

나를 내려다보시던 성철 큰스님은 무뚝뚝하게 한 마디 던지셨다.

"오늘 저녁에 죽어라."

그 소리를 듣는 순간, 나도 모르게 목이 메고 눈물이 펑펑 쏟아졌다. 신기한 일이었다. 나는 성철 큰스님을 뒤로하고 엎어지고 넘어지고 하면서 마지막 힘을 짜내듯 엄마가 절하고 있는 법당으로 달려갔다.

"엄마, 큰스님이 나보고 오늘 죽으래!"

서러움인지 모를 어떤 감당 못할 감정에 사로잡혀 꺼이꺼이, 울면서 그 말을 했는데도 엄마는 별로 동요하지 않으셨다. 뒤 한번 안 돌아보시고 하던 절을 계속 하면서 이렇게 말할 뿐이었다.

"그럼 어디 가서 죽어야 되는지 다시 가서 물어봐."

엄마의 말을 듣고는 무슨 프로그램된 인형처럼 나는 또 큰스님에게 달려갔다. 아직 큰스님은 마당에 계셨다.

"스님, 저 어디 가서 죽을까요?"

"너거 집에 가서 죽어야지!"

"우리 집에는 돈도 없고, 어차피 죽으면 여기서 49재를 지낼텐데, 나 여기서 죽을 랍니다."

무슨 생각으로 그런 말을 했는지 모르겠다. 저절로 그런 말이 튀어나왔다.

그때 스님은 엄마가 절하고 있는 데로 찾아와서 엄마에게 이렇게 물었다.

"너거 아 와그라노?"

"스님이 시작했으니 스님이 책임지이소."

그 말만 하고 엄마는 계속 절을 했다.

성철 큰스님은 또다시 나를 물끄러미 보시더니 여전히 무뚝뚝한 목소리로 말하셨다.

"야이, 가시나야. 그럼 니 오래 살아라."

눈물을 펑펑 흘리고 있던 나는 큰스님의 그 말에 멍청하게 다시 큰스님을 올려다보았다.

"그라고 하루에 천 배씩 꼭 절하거래이."

그렇게 뜬금없이 시작한 것이 바로 내가 매일 하루도 빼놓지 않고 운명 같은 절을 하게 된 이유였다.

절에 올라갈 때만 해도 물도 못 삼키던 상황이었는데 삼천 배를 하고 나니 물도 삼키고 토하지도 않았다. 성철 큰스님이 그런 내게 바나나를 주셨는데 그것을 다 먹을 수가 있었다. 다들 기적이라고 했다.

그 날 이후로 우리 세 모녀는 매일같이 절에 다녔다. 엄마에게 업혀 다니기도 했고 심지어 동생에게 업혀 다니기도 했다. 어떨 땐 오르내리기가 너무 힘들어 절에서 며칠을 지내기기도 했다.

그러던 어느 날이었다.

"인자 절에 매일 안 와도 된다. 절 할라꼬 꼭 절에 안 와도 된다."

성철 큰스님께서 그렇게 말씀하시며 원이 그려진 화선지를 하나 그려 주셨다.

"이 원을 걸어두고 절하거래이."

바로 그 유명한 성철 큰스님의 일원상이었다.

그때부터 나는 집에서 절을 하기 시작했다. 기적을 경험했기 때문인지 나는 어린 나이였지만 생존본능 같은 의지로 매일 천 배씩의 절을 하기 시작했다.

그 이후로 나는 지금까지 22여 년 동안 하루도 빠지지 않고 천 배를 했다. 믿기지 않겠지만 그건 사실이다. 매일 천 배씩 하겠다는 것은 성철 큰스님과의 약속이었고 또한 내 삶 자체를 걸고 한 약속이었다. 그러하였기에 지키지 않거나 거짓이 있을 수 없었다.

절은 나를 변화시켰다. 변화라고 말하기엔 부족하다. 다시 태어나게 한 것이다. 버틀어지고 흔들거리던 몸이 조금씩 제자리를 바로 찾아가고 조금씩 중심을 잡아가기 시작했다. 그리고 20년이 지난 지금 난 장애인 패스를 끊는 것이 이상하게 보일 정도로 정상이 되었다.

하지만 절이 내게 준 생명은 단순히 육체적인 생명만이 아니다. 다른 사람들과 크게 다르지 않은 정상적인 육체가 아니다. 나 자신을 제대로 보게 해주었고, 이 세상을 바르게 보게 해주었고, 사람들에게서 희망을 보게 해준, 마음의 눈을 뜨게 해준 것이다.

성철 큰스님을 만남으로써, 절을 함으로써 내가 깨달은 것 중에 가장 큰 힘이고 지팡이가 되어 준 것이 있다면 그것은 바로 인연과 인과에 관한 것이다. 인과에 대해 알게 됨으로써 나의 운명을 받아들였고 또한 그것을 극복할 수 있었다. 즉, 다시 태어날 수 있는 에너지를 갖게 된 것이다.

이제는 절을 하는 시간이 하루 중에서 가장 평화롭고 가장 싱그럽고 가장 생기 있는 나를 느끼는 시간이다.

물론 이렇게 되기까지는 긴 세월이 필요했다.

요즘이야 천 배를 하는데 걸리는 시간이 1시간 30분정도면 충분하지만 초등학교 때는 거의 하루를 절에 쏟아 부어야 했다. 학교 오고가는 시간과 학교에 있는 시간 빼고는 절을 해야 했다.

솔직히 하기 싫고 힘들 때가 많았다. 몸이 자유롭지 못했지만 나도 그 나이 또래의 아이들처럼 놀이라는 이름을 붙일 수 있는 것을 하고 싶기도 하고, 내 마음대로 할 수 있는 시간을 갖고 싶었다.

하지만 난 절을 해야 했다. 하기 싫을 때도 있었지만 그러나 스스로 단 하루도 어기지 않고 했다. 누가 강요해서가 아니었다. 엄마도,

누구도 강요하지는 않았다.

　처음 삼천 배를 하고 난 뒤 느꼈던 몸의 변화 그리고 그 후로 절이 계속 될수록 느껴지는 어떤 변화를 어린 나이였지만 감지할 수 있었기 때문이다. 절을 하는 순간에는 힘들고 아프고 고통스러웠지만 점점 몸이 편안해지는 것을 느낄 수 있었기에 절을 계속 한 것인지도 모르겠다.

　그리고 그보다 더 구체적인 이유는 바로 성철 큰스님의 마음과 내 마음의 약속이었기 때문이었다. 성철 큰스님이 무서웠기 때문에 약속을 어긴다는 것은 생각도 못할 일이었다.

　아침에 일어나서 아침 먹고 학교 갈 준비를 한 뒤 학교 가기 전에 일백 배 내지는 이백 배를 하고, 학교 갔다 와서는 숙제만 해 놓고 절 하다가 또 저녁 먹고 나서 다시 절을 해서 거의 밤10시 정도가 되어야 천 배가 끝났다. 그러니 절하기 위해 하루를 사는 셈이었다.

　그래도 저학년 때는 절을 하기 싫다거나 힘들다는 생각을 차라리 하지 못했다. 저학년 때는 천 배를 다 못하면 어쩌나, 전전긍긍하면서 열심히 했던 거 같다. 하지만 오히려 학년이 올라갈수록 힘들었다. 몸에는 익어 가는데 오히려 정신에선 반발이 일어나는 것이었다.

　'맨 날 하는 절, 정말 싫어. 절 안하고는 살 수 없을까?'

　그런 생각을 하는 날이 많아졌다.

　특히 반 아이들이 시험 때라고 공부한다고 야단일 때는 더욱 그랬다. 어차피 반 친구들과 비교하면 못하는 공부일지라도 하는 시늉이라도 내고 싶은데 눈만 뜨면 학교생활과 잠잘 때를 빼고는 절하는 데만 신경 쓰고 매달려야 하는 게 싫었다.

그래서 한번은 오백 배라도 줄이고 싶다는 간절한 생각이 들었다. 정말이지 단 며칠만이라도, 마침, 시험을 앞두고 있었는데 시험이 끝날 때까지라도 줄이고 싶었다. 그래서 엄마한테 내 마음을 말씀드렸더니 엄마는 단호하고 무심한 말투로 이렇게 대답할 뿐이었다.

"천 배는 네가 큰스님하고 한 약속이잖아. 나는 네가 절을 하는지 안하는지 지켜만 볼 뿐이지. 아무런 권한이 없으니 네가 큰스님한테 여쭙고 결정해."

절에 가는 토요일, 백련암에 가서 성철 큰스님을 뵙고는 여쭈었다.

"스님. 시험공부 할 시간이 없어요. 시험 때까지라도 오백 배만 깎아 주세요."

순간, 내게 돌아온 것은 큰스님의 주장자였다. 성철 큰스님은 주장자로 몇 대 아프게 때리시고는 큰 소리로 말씀하셨다.

"천 배는 천 배 대로 계속 하고 시험도 잘 쳐서 성적표도 가지고 오너라."

눈앞이 깜깜했고 곧 눈물이 줄줄 흘러나왔다. 하지만 별다른 수가 없었다. 법당으로 가서 울면서 절을 했다. 맞은 것이 아파서가 아니라 천 배는 계속해야 하고 시험까지 잘 봐야한다고 생각하니 눈물이 저절로 흘러나왔다.

그야말로 혹 떼러 갔다가 오히려 혹 하나 더 붙이고 오게 된 셈이었다.

결국 자는 시간을 줄여야 했고 그다지 나아지지는 않았지만 그 전보다는 조금 올라간 성적표까지 성철 큰스님께 보여드린 기억이 난다.

관조/142×169/순지에 수묵/2004년 작

그만 놓여나고 싶다

한눈에 뇌성마비라는 것이 드러날 만큼 확연하게 비정상이었던 몸이 초등학교 때부터 해온 매일 천 배 때문에 놀라울 만큼 좋아졌고, 절은 내게 치료이자 영혼의 양식 같은 것이었다.

그래서 내 목숨을 걸고 만 배 백일기도에까지 도전했던 것인데 그 도전이 짐작보다 너무 벅차서 결국 나는 말처럼 목숨을 버릴 생각을 하게 된 것이다.

요즘 들어 우리 사회는 자살이 심각한 정도로 늘고 있다. 그런 뉴스를 접하면서 내내 가슴이 방망이질 치는 것은 나에게도 그런 아픔의 시간이 있어 더욱 그랬다.

끝도 안보이고 정답도 없는 상태에서 나는 만 배 백일기도의 하루하루 일과를 계속 하고 있었다. 문제는 육체의 고통이 정신으로까지 전이된다는 사실이었다. 그렇게 되면 사실 견뎌내기가 어렵다.

바로 그러한 고비를 넘기고 해냈을 때 절을 통해 우리는 비로소

한 차원 높은 정신세계에 들어가게 되고 육신의 주인에서 마음의 주인이 될 수 있다.

하지만 그 정상에 도달하기 전까지는 그야말로 죽음보다 깊은 병을 앓아야 했다. 그래서 죽음보다 깊은 병은 결국 내 몸보다 내 정신을 먼저 갉아먹어 급기야 스스로 목숨을 끊어야겠다는 결심을 하게 만든 것이다.

40여일이 지나면서 최대의 고비가 왔다. 도저히 더 이상은 불가능할 것 같았다. 이제 내가 스스로 포기해야 될 것 같았다. 드디어 몸이 말을 들어주지 않았던 것이다. 하늘이 너무나 엄한 벌을 내리는 것 같았다. 감히 하늘을 상대로 도전을 했으니 말이다.

'인간이라서 내 운명을 그대로 따르기 싫었어. 도전을 하고 싶었어. 근데 그게 불가능한 거구나. 오히려 벌을 받는 거구나. 그렇다면, 난 내 운명을 거역할 수 없는 건가?'

절을 하면서 나는 운명을 향한 오기 어린 절규, 마지막 절규를 하고 있었다.

처참하게 무너지는 나 자신에 대한 연민과 분노를 느꼈고, 내 인생의 마지막이 될 것 같은 눈물이 앞을 가렸다. 쉴 새 없이 하염없는 눈물이 흘러내렸다.

나의 능력의 한계가, 보잘 것 없는 내 능력의 한계가 이제 보였다.

결국 나는 아예 생명을 포기하기로 했다.

밖에 있는 엄마는 아무것도 모르고 나의 식사 준비를 하는 것 같았다.

죽기로 결심하고 나니 가장 먼저 엄마가 불쌍하다는 생각이 밀려왔다. 나를 당당한 한 사람으로 만들어 보겠다고 엄청난 노력을 해오신 엄마가 더 불쌍했다.

엄마.

불쌍한 엄마……

하지만 처참한 모습을 보이기가 싫었다. 무너지는 내 모습을 보이기는 더 싫었다.

죽으려고 마음먹고 나자 더 이상 미련은 없었다. 내 능력으로 할 만큼 했고 더 이상은 구차한 삶을 이어가긴 싫었다. 나의 모든 환경과 현실이 너무나 힘들고 버거울 뿐이었다.

어차피 나의 몸은 아무리 노력해도 완전히 정상적으로 되지 않을 것이고, 더구나 운명에 도전해 본다는 의미로 도전해 본 만 배 백일기도는 체력의 한계까지 느껴져 이제 더 이상 해낼 수가 없으니 이쯤에서 삶을 멈추는 것이 최선일 것 같았다. 차라리 절을 하다 죽으면 왠지 뿌듯할 것 같았다.

고백하자면, 만 배 백일기도를 결심하면서 성공 못하더라도 차라리 절하다가 쓰러져서 죽게 되면 그것으로 운명에 도전하다가 죽었다는 처절한 명분을 가진다는 생각을 저 깊은 곳에서 한 것도 사실이었다.

그러나 죽는 것조차 쉽지는 않았다.

절을 하다가 내 체력 이상으로 힘들게 되면 완전히 정신을 놓고 쓰러질 줄 알았는데 힘만 빠지고 자꾸 탈진상태만 이어졌다. 졸도를 하지는 않았지만 더 이상은 모든 것이 불가능했고 나의 한계는 여기까지라는 아픈 자각뿐이었다.

나는 미련 없이 입에 약을 털어 넣었다.

물을 마시고 꿀꺽, 삼키는데 그것도 잘 안되었다. 알약이 거꾸로 올라오는 것을 억지로 밀어 넣고 또 밀어 넣었다.

만 배 백일기도를 시작하기 전에 열 군데가 넘는 약국을 찾아다니며 모은 약이었다. 나는 그만큼 절실하게, '이 고행을 해내지 못하면…' 하는 최후의 수단으로 준비한 것이다.

결국 그 최후의 수단이 현실에서 다가왔다.

가슴 한 구석에서 묘하게 꿈틀대던 불안한 예감이 나의 손과 몸에 의해 실현되고 있었던 것이다.

씁쓸함 뿐이었다. 나는 조용히 눈을 감았다. 짧다면 짧고, 그 과정이 힘들어 길다면 긴 내 인생이 다시 눈앞에 펼쳐졌다.

나는 엎드린 채 눈물을 흘리고 있었고, 약 먹기 전에 쓴 유서가 내 머리맡에서 바람에 날리고 있었다. 휴지조각처럼 바람에 흔들리고 있었다. 이 생을 마감하면서 남기고 싶은 실오라기 같은 말이었다.

'엄마, 엄마 사랑해. 난 지금 아무 생각이 없고 그저 죽을 만큼 힘들어요. 그래서 여기에서 모든 걸 끝내고 싶어서 떠나요.

지금까지 너무 고마웠고, 바보 같은 날 이만큼 키우느라 고생했는데…… 이젠 더 고생 안하서도 돼요. 이제는 나 혼자 떠날 거예요. 엄마 없이 나 혼자 떠날게. 엄마 다음 생에는 진짜 좋은 일 많이 해서 예쁜 딸로 태어날게. 엄마 사랑해요. 그리고 미안해. 정말 미안해.'

누군가 나를 아래로 끌고 가듯 몸이 하염없이 아래로 꺼져가는 느낌이 들었다. 나도 모르게 손으로 좌구를 움켜쥐고 겨우 눈을 떠 보니 창으로 햇살이 비쳐 들어오고 있었다. 하지만 햇살은 더 이상 따뜻하지 않았다. 냉정하고 싸늘한 돌멩이처럼 심장을 차게 눌러버리는 햇살.

쿵쾅대던 가슴의 고동소리가 점점 희미해졌다.

숨소리조차도 가늘어지고, 띄엄띄엄 숨 쉬는 것도 힘이 들었다. 차츰차츰 눈앞이 어두워지는 것 같기도 하고 무엇보다 소름 끼치는 건 추위와 어둠이었다.

너무나 어두워서 어디로 가는지도 알 수 없었으며 얼음 창고 속에 갇힌 듯이 추웠다. 그리고 어둠과 추위를 동반한 가장 큰 고통은 바로 공포였다. 무서워서 미칠 것만 같았다.

점차 몸이 안 움직여졌다. 그리고 몹시 몸이 떨렸다. 얼음 창고 안에 갇힌 듯이 추웠다.

"추워. 너무나 추워."

앞이 보이지 않는 어둠, 마비되는 몸. 이게 정말 끝인가?

머릿속에서만 꿈틀거리는 상상의 죽음이 아니라 거대한 공포가 느껴지는 죽음의 실체, 한 발자국만 더 가면 그 곳이라는 게 느껴졌다. 몸으로 느껴지는 이승과 저승의 경계.

나 스스로 놓아버린 끈의 끄트머리가 경계선 이쪽 편에서 설핏 스쳤다.

손을 뻗으면 잡히는데…… 손만 뻗으면 다시 이생에 닿는데……

순간, 공포가 한꺼번에 해일처럼 밀려들며 굉장한 힘으로 가슴을 쳤다. 순간, 울컥 속 깊은 곳에서 알 수 없는 덩어리가 치밀어 올랐다. 그리고 누군가 등을 세차게 떠밀기라도 하는 듯 불쑥 몸이 솟아올랐다.

나는 부들부들 떨리는 손으로 방바닥을 간신히 짚고 기기 시작했다.

갑자기 미친 듯이 죽음이라는 무서운 공포에서 벗어나고 싶었다. 자동화된 시스템처럼 생명의 본능이 몸부림치고 있었다.

나는 필사적으로 안간힘을 써서 있는 힘을 다해 엄마를 불렀다. 그런데 내가 아무리 큰소리를 쳐도 소리가 나오지 않았다.

그때 엄마의 발자국 소리가 들렸다. 내가 있는 곳으로 오는 소리였다.

뚜벅. 뚜벅.

쓰러져 있는 나를 보고는 엄마는 소리를 질렀다.

"야. 야. 너 왜 이러니? 경혜야! 경혜야!"

엄마가 내 양팔을 잡고 흔들었다. 참으로 아이러니한 일이지만, 나는 죽을힘을 다해 입 밖으로 말을 내뱉었다.

"엄……마, 엄……마. 나 살…고 싶어! 나 죽…으…려…고 약 먹었어……."

"뭐야?"

엄마가 정지동작이 되어 나를 쳐다본 건 잠시였다. 곧바로 엄마는 내 뺨을 사정없이 후려쳤다.

무섭게 일그러진 화가 난 엄마의 얼굴. 내가 태어난 이후 엄마의 그런 얼굴은 처음 보았다. 그렇게 미운 기운으로 맞은 적도 없었다. 희미하던 눈앞이 순간적으로 보일 정도로 충격적인 느낌이었다.

"약 먹었으면 죽어야지! 왜 날 불러!"

엄마의 말을 듣는 순간 내 심장은, 겨우 펌프질을 하고 있던 내 심장은 그만 오그라드는 듯 했다. 엄마의 그 매몰찬 한마디 때문에.

그래도 나는 나도 모르게 엄마를 붙들고 애원하고 있었다.

"몸…, 몸…이 말을 안 들어. 그리고 추워. 엄…마. 나… 춥고… 무…서…워."

"그래. 잘 했다. 차라리 이참에 같이 죽자! 니나 내나 업장이 이리 두터운데 살면 뭐 하겠니?"

"엄마. 나 살고 싶어… 난 살고 싶어. 살려줘……"

마지막 기운처럼 말이 또박또박 나왔다.

"살아서 뭐하게? 죽는 게 더 쉽지. 너 같은 건 죽는 게 더 낫지."

엄마는 그렇게 차가운 말을 하면서 나를 똑바로 쳐다보았다. 그 눈빛에 나는 지레 무너져버릴 것 같았다.

"엄마…… 잘못했어… 나 살고 싶어… 살려줘…"

엄마가 매몰차게 하면 할수록 난 살려달라고 외치고 싶었다.

이미 나는 만 배를 시작한 지 40여일을 넘어서고 있었기 때문에 산송장 다름없는 몰골이었다.

허옇게 질린 얼굴, 조각난 몸 그리고 상복 같은 흰색 면 티 차림. 그나마 눈빛 하나만이 살아있었는데 이제는 그 눈동자마저 흐려지고 있었다.

그런데 엄마를 보고 있는데 자꾸 졸음이 몰려와 나도 모르게 눈이 감겨졌다. 그대로 쓰러지는 순간, 등짝이 불이 붙은 것 마냥 화끈했다. 가물가물한 눈으로 다시 엄마를 바라보니 엄마가 내 등을 소리나게 때리고 있었다. 엄마의 눈에선 불이 일고 있었다. 그리고 엄마는 내 등을 가차 없이 때리고 있었다.

"어서 토해!"

토하려고 안간힘을 썼지만 아무것도 나오지 않았다.

등 뒤에서 엄마의 소리가 계속 들렸다. 숨이 막히는 것은 나인데 오히려 괴로워하는 것은 엄마였다.

"다 토해. 이것아! 다 토하라니까!"

엄마의 손매는 더욱 매워졌다. 그럴수록 내 맘은 점점 편해졌다.

엄마는 어디론가 급하게 가더니 내 입 속으로 무언가를 집어넣기 시작했다. 그것은 팥 끓인 물이었다.

그날따라 엄마는 오랜만에 새벽에 냉동실 청소를 했다고 했다. 그런데 청소를 하던 중에 무언인가 툭 굴러 떨어져서 보니까 팥이었고, 엄마는 팥을 본 김에 죽을 끓여 먹으려고 한 홉 정도 푹 삶아 놓았던 것이다. 참 희한한 일이었다.

팥이 해독에 효과가 있다는 사실을 알고 있던 엄마는 막무가내로 내게 팥물을 먹이셨다.

그 날은 평화로운 일요일이라 어차피 동네병원과 약국은 문을 닫았기 때문에 갈 수 있는 곳은 큰 병원 응급실뿐이었고, 엄마로서는 그 방법이 최선의 방법이었던 것이다.

억지로 꿀꺽꿀꺽 반 공기 정도 마시게 한 다음, 자꾸 몸이 늘어지는 나를 향해 엄마는 단호하게 소리치셨다.

"지금부터 지극정성으로 백팔 배를 해라!"

'백팔 배라니?' 내 귀를 의심했다.

병원에 가는 것도 아니고, 누워서 안정을 취하게 하는 것도 아니고, 절을 하라니!

그 당시 나는 몸뿐만 아니라 정신까지 자꾸 흐려져서 몸과 마음을 도저히 가눌 수가 없었다. 그런데 엄마는 백팔 배를 하라고 윽박지르는 것이었다.

정신을 못 차리고 일어서지도 못하고 허우적대고 있는데 엄마의 손이 내 겨드랑이를 강하게 얽었다.

장애가 심했던 일곱 살 시절, 내 절은 절이 아니었다. 그냥 무너지듯 앉아서 머리가 바닥에 닿으면 일 배로 쳐주었던 시절이었다. 하지만 그러한 절도 그 당시의 나에게는 혼신의 힘을 기울인 절이었다. 그때보다 더 지극하고 애탔던 절이 있었을까.

그런데 22살 어른이 되어서 다시 7살 시절의 절을 하고 있었다. 그것도 엄마 앞에서, 엄마의 부축을 받아가며.

그런데 이상했다.

조금씩 정신이 맑아지며 부끄러움에 가슴이 죄일 것 같은 온전한 정신이 들고 있었다.

'이 부끄러운 불효를 언제다 갚아야 한단 말인가.'

정신을 조금 차리니 차마 눈을 뜰 수가 없었다. 부끄러워서.

"정신 차려! 죽지도 못하려면 살아야지!"

엄마는 시체 같은 날 붙들고 일 배, 일 배 소리 내어 주문을 외듯 절을 시켰다.

절이 거듭될수록 심장의 맥박이 가늘게 되살아났고, 피가 도는 것 같았다.

그렇게 엄마의 도움으로 겨우 백팔 배를 했다. 10분이면 끝났을 절이 1시간 40분이 나 걸렸다.

두 번째 백팔 배는 40분이 걸렸고 세 번째는 30분이 걸렸다. 이러한 시간이 거듭될수록 혈액순환이 빨라지고 경직된 몸이 빠르게 되돌아왔다. 실로 놀라운 일이었다. 팥죽을 마시고 위액을 토해낸 이후 다시 절을 하니까 정상으로 되돌려지고 있었던 것이다.

급한 고비가 지나자 엄마가 물었다. 왜 죽으려고 했냐고.

나는 대답했다. 더 이상 몸이 따라주지 않아 도저히 계속 할 수가 없었고, 만 배 백일기도를 못하게 되는 것이 너무나 괴로웠다고. 그리고 덧붙였다. 어차피 살아서도 온전한 사람대접을 못 받을 바에야 차라리 죽는 게 나을 것 같아서라고.

내 말을 들은 엄마는 여전히 차갑고 단호한 말투로 말씀하셨다.

"인연을 끊으려면 확실히 끊어야지!"

엄마는 내 행동이 믿기지도 않고 인정할 수도 없었나보다.

그렇게 나는 해일 같은 죽음의 유혹을 엄마의 도움으로 빠져나오고 다시 절을 시작했다.

그 날 이후로 정신을 더욱 똑바로 차릴 수 있었고, 진심으로 마음속 깊이 우러나오는 절을 할 수 있게 되었다.

죽었다가 살아난 그날도 만 배를 마쳤지만, 다시는 떠올리기 싫은 악몽 같은 고비였다.

죽을힘으로 살기

아파트 구조가 만 배 절하기에는 편리하게 되어 있다.

화장실이 주로 방 바로 옆에 붙어있기 때문에 시간 절약에 좋았다. 몇 천배가 넘는 절은 시간과의 전쟁이라서 절 외의 일들은 되도록 짧고 빠른 시간에 해결해야 한다.

나 같은 경우에는 아침식사나 점심식사를 바로 끝낸 후 입에 과일 한 조각을 넣고 화장실 안에 들어서자마자 세면대에 물을 틀어놓고 볼 일을 본다. 그리고 세면대 물이 어느 정도 가득해지면 옷을 벗는다. 물이 채워지면 비누칠은 안하고 물 두 바가지 뒤집어쓰면 끝이다.

그런 다음 빨리 옷을 대강 입고 바로 다시 절을 시작한다. 그 모든 것을 5분 안에 해결한다. 어차피 비누칠을 한다 하더라도 항상 땀에 젖어 있기 때문에 소용없는 짓이었다. 사실 기도기간 중에는 쾌적한 상태를 바라는 것은 있을 수 없는 일이었다. 머리, 몸, 옷, 좌구, 수건 등 모든 것이 아예 땀에 절어져 쉰 냄새와 형언하기 어려운 구린내가 진동을 한다.

하지만 냄새가 나든 안 나든 그런 것에 신경 쓸 수가 없다. 그런 것에 신경 쓰는 것도 바로 시간도둑이라서 아예 신경을 끄고 살아야 한다. 그러다 보니 땀띠가 온 몸에 꽃을 피워도, 가렵다가 따갑다가 피가 나도 역시 신경을 끄고 지내야했다.

하루 만 배 마치고 나면 저녁을 먹고 그대로 나무등걸처럼 쓰러져 버린다. 샤워를 하고 저녁을 먹는 날도 있지만 그건 아주 가끔 있는 일이었다. 내 몸에서 쓰레기통 냄새가 난다 해도 상관없었다. 아니, 상관할 수가 없었다.

이불도 없이 좌구 위에 쓰러져 깜빡 졸은 것 같은데, 11시 20분이라며 또 시작하라고 엄마가 깨운다.

만 배 백일기도는 모든 것이 고행이었지만 먹는 것 또한 고통 중의 고통이었다.

온 몸이 바늘로 콕콕 쑤실 뿐 아니라 입안도 빈틈없이 온통 헐어서 음식물이 아무리 맛있어 보여도 식욕이 생기지 않는다. 그리고 그것을 입에 집어넣어도 그 자체의 맛이나 향은 느낄 수 없고 마치 모래알처럼 입안에서 꺼끌꺼끌하게 뱅뱅 돌기만 한다. 아무리 맛있는 반찬이라도 돌멩이 부스러기를 씹는 것처럼 귀찮고 괴로울 때가 많다.

제일 좋은 것은 물이었다. 물외에는 좋은 음식이란 없었다. 그렇다고 물만 먹고는 만 배에 필요한 에너지를 감당할 수 없기 때문에 무언가를 먹어야 했다. 만 배 백일기도의 경험이 있는 엄마는 그 과정이나 상황을 잘 알기 때문에 참으로 귀한 지원병이 되어 주셨다.

엄마는 아침식사 때는 주로 김칫국을 해 주셨다. 우리 집 김칫국은 1년 동안 보관해 온 김장김치를 사용하기 때문에 그 국물 맛이 끝내준다. 다른 것은 아무 것도 필요 없고 김칫국에 밥을 말아 먹으면 그 시원한 맛에, 목구멍에 조금 넘어가는 편이다. 겨울이 가까우면 동치미국수가 나오고 여름이 가까울 때에는 열무김치 국수를 자주 해주셨다.

그리고 과일은 주스로 만들어 주셨다. 씹는 것조차 힘이 들기 때문에 마시기 편한 주스가 좋은 것이다. 과일 주스는 육천 배 넘어갈 때쯤 목의 갈증에 꼭 필요한 음식물이다.

밤 11시 20분에 일어나서 하는 식사는 주로 배추 넣고 끓인 된장국이 단골메뉴에 속하고 점심시간에 나오는 국은 무국, 미역국, 콩나물국 등등이다. 대체로 점심시간에 먹는 음식은 새로운 것도 많고, 국도 자주 바꾸어주는 것이 좋다.

60여 일이 지날 때였다.

오전 10시쯤 절하면서 고개를 드는 순간이었다.

갑자기 휘황찬란한 무지개 빛 사이로 사방에서 진주 같은 구슬이 보석처럼 반짝이고 있었다. 극도로 지쳐있는 상태여서 헛것이 보일 수도 있겠다 싶어 눈을 비벼 보았다. 하지만 여전히 사방에 형형색색으로 비치는 구슬이 가득했고 그것이 움직일 때마다 반사하는 빛깔이 영롱했다.

좌구 위에도 반짝, 허리를 굽힐 때에도 반짝, 고개를 드는 순간에도 반짝, 눈을 감았다 뜨는 순간에도 반짝, 반짝반짝, 그야말로 보석

대행진이었다.

　절을 하면서도 그것이 분명하게 느껴졌는데, 나는 너무나 놀라고 감탄해서 나도 모르게 큰소리로 엄마를 불렀다.

　"엄마! 보석 같은 구슬이 사방에서 반짝거려!"

　내가 소리를 치자 엄마가 거실에서 내가 절하는 방으로 달려왔다. 그리고는 내 등을 탁! 한차례 세게 후려갈겼다.

　갑자기 등을 맞고 정신이 번쩍 들어 엄마를 봤다.

　"마장이니 무시하고 계속 절을 해라."

　엄마 목소리는 단호하고 분명했다.

　'아, 마장'.

　엄마 말씀을 듣고 다시 절을 하려고 하자 조금 전에 봤던 환상이 사라져 버렸다.

　"멈추지 말고, 생각도 하지 말고, 계속 절을 해. 내가 하는 이야기를 들으면서."

　엄마의 목소리를 들으며 절을 계속 했다.

　"니가 알다시피 옛날부터 수많은 사람들이 수행을 해왔다. 그런데 수행하는 만큼 마장들이 여러 가지 모양으로 방해를 해서 수행을 중단하는 사태가 일어나곤 했어. 이런 일에 대비하여 큰스님이나 선지식의 도움을 항상 가까이 두어 도움을 얻어야 된다. 그렇지 않으면 그것이 진짜인줄 알고 빠져버리게 되지. 그렇게 되면 수행도 못 끝내고 정신병자처럼 지가 잘났다고 이상한 소리를 하면서 떠들어댄다. 그것으로 이미 그 사람은 수행을 더 이상 못해."

　이런 일이 일어나고 난 후 며칠 후에 또 다른 환상이 나타나기 시작했다.

법당의 신장단에 있는, 갑옷에 큰 칼을 찬 열 척이 넘는 거인들이 칼을 들고 나를 죽이려고 둘러서 있었다. 너무나 무서워서 나도 모르게 비명소리가 나왔다.

"악!"

그 소리를 듣고 엄마가 또 뛰어 들어오셨다. 나는 미친 사람이 소리를 지르듯 난리를 쳤다.

"엄마 열 척이 넘는 사람들이 나를 죽이려고 목에 칼을 대고 있어!"

그러자 엄마가 이번에는 내 머리를 한 대 갈겼다.

"정신 차려! 마장이야."

엄마한테 얻어맞은 머리에 아픔을 느끼는 순간, 어느새 잠시 보았던 그 거인들이 한순간에 사라졌다. 난 안도의 한숨을 쉬었지만 여전히 멍한 상태였다. 엄마가 건네 주는 찬물 한 모금을 마시자 겨우 정신을 차릴 수 있었고, 그 덕분에 10분이라는 긴(?) 시간의 휴식을 취했다.

엄마가 아니었더라면 아마 나도 미쳐서 정신병자가 됐을지도 모를 일이다.

하지만 환상이 기도의 마지막 고비가 결코 아니었다. 모든 것이 극도로 쇠약해진 상태에서 환상 때문에 정신마저 황폐해지더니 이번에는 몸마저 말을 듣지 않기 시작했다. 그것도 격렬하게. 몸이 다시 또 심각한 명령불복종을 일으키는 것이다.

오래달리기를 했을 때처럼 숨이 턱까지 차올랐다.

내 몸 속에서 더운 공기, 더운 열기가 치밀어 올라 숨을 쉬기조차 힘들어지고 몸의 리듬이 깨지는 것 같았다.

백일기도 도중 커다란 두 세 번의 고비가 있다고 말을 들었지만, 드디어 두 번째 큰 고비를 맞고 있었다.

벽에 기대어 데굴데굴 굴러도 보고 창문 밖으로 머리를 내어 심호흡도 해보았지만 속에서 나는 더운 열기 같은 더운 공기는 가라앉지 않고 자꾸 나를 집어삼키며 힘을 빠지게 했다. 정말이지 금방이라도 그 열기에 쓰러질 것만 같았다.

나는 마음속으로 절규했다.

"부처님, 불보살님. 나 좀 도와주세요. 숨이 막혀 죽을 것 같아요. 너무 힘들어요. 지금 이렇게 하실 거였으면 차라기 첫 고비 때 죽도록 도와주셨어야죠. 죽는 것조차 맘대로 못하게 해 놓고, 이번에는 또 숨이 막혀서 손들게 하시려고요? 어떻게 버텨온 70여일인데. 부처님! 간절히, 간절히 기도드립니다. 절 좀 도와주세요. 제발이요. 다음부터는 아무 소원도 가지지 않을게요. 제발 무사히 마치게 도와주세요!"

그러다가 그만 좌구 위로 덥석, 엎어졌다.

그 후 시간이 얼마나 지났는지 모르지만 엄마의 고함소리가 들렸다.

"정신 차려. 경혜야."

목소리를 듣는 순간, 정신이 번뜩 들었다.

'내가 왜 이러고 있지?'

더듬어보니 의식을 놓고 있었던 것이다. 너무 놀라 시계를 보니

다행히 40여분 정도 지나 있었다. 기절해 있던 시간이 그 정도 되는 것이다. 만약 대여섯 시간 지났다면 시간상으로 도저히 만회할 수 없어 그동안의 노력이 수포로 돌아갈 뻔했다.

그때부터 다시 천천히 백팔 배를 했더니 몸이 나아지는 것이 느껴졌고 이백 배 이상 되니깐 보통의 컨디션으로 돌아왔다.

금방이라도 죽을 것처럼 숨이 막히고 속이 뒤틀리고 숨이 넘어가는 고비가 이렇게 해서 또 넘어갔다. 두 번째 고비도 극복한 것이다.

90여일이 지나고 난 후부터 속옷이 거의 솜사탕처럼 만지기만 하면 힘없이 툭툭 떨어졌다. 매일 땀에 절고 또 매일 세탁을 하다 보니 그렇게 헤지는 것은 당연한 일인지도 모르겠다.

땀이 나와서 분비물이 옷에 쌓이고 쌓이다보면 마치 가는 소금을 옷 위에 뿌려놓은 듯 허연 모래 알갱이 같은 것이 항상 붙어 있었다. 아마 경험해 보지 않고서는 도저히 상상이 되지 않을 것이다. 자기 몸에서 나온 땀이 소금처럼 알갱이가 되어 옷을 절이는 상황을.

몸에서 염분이 엄청나게 빠져나오는 바람에 섭취해야 하는 염분도 장난이 아니었다. 된장국도 아주 짜게 해야 겨우 입에 넘어갔다. 우리 몸의 신비한 자동조절 기능 때문에 땀을 흘릴수록 몸에서 많은 염분을 요구하게 되기 때문인데, 백일기도 도중에는 싱거운 음식은 아예 속이 메스꺼워 젓가락이 잘 가지 않고 차라리 소금덩어리 같은 음식이 속이 개운해진다.

그렇게 온갖 육고를 딛고 백일을 향해 전진해 나갔다.

북한산 가는 길/100×80/한지에 수묵/1997년 작

새 생명의 의식, 엄마와의 맞절

마지막 백 일째 되는 날.

마음은 가볍기만 한데 마지막 긴장을 해서인지 몸이 또다시 심하게 화를 내면서 퉁퉁거렸다. 마음과 몸의 반비례에 맞서서, 마지막 날이라는 하나의 커다란 희망을 지팡이 삼아 몸을 질질 끌면서 절을 했다.

아침 식사부터 엄마의 목소리 톤이 보통 때보다는 약간 높다는 것이 느껴졌다. 겉으로 표시는 안 내시지만 엄마 역시 흥분하고 있음을 느낄 수 있었다.

나는 흥분되는 마음도, 발악을 하듯 더욱 반란을 일으키는 몸도 신경 쓰지 않고 그저 아무 생각하지 않으려고 노력하면서 '무사히 절을 마치게 해주셔서 고맙습니다.'라는 인사를 거듭하며 절을 했다.

만 배가 다 되어갈수록 기쁨의 눈물이 저절로 흘러내렸다.

'내가 드디어 해냈구나.'

'내가 드디어 해냈어.'

마지막 백팔 배를 하고 있을 때 엄마가 들어와서 능엄주를 읽어주었다. 능엄주를 외는 엄마의 목소리도 가늘게 떨리고 있었다.

드디어 저녁 9시쯤, 마지막 만 배 째 절을 끝냈다. 그야말로 사투의 연속이었던 백일을 무사히 마무리한 것이다.

마지막 절을 하고 나서 나는 좌구에 엎드린 채 일어날 수가 없었다.

그때의 심정을 무어라 표현해야 좋을까.

야무지게 운명에 도전해 보겠다고 덤벼들었지만 그 고통을 견디내지 못하고 자살시도까지 했던 시간이었다. 죽다가 다시 살아나 결국 이루어낸 만 배 백일기도. 나도 모르게 눈물과 뭐라 이름 지을 수 없는 신음소리가 입 밖으로 삐져나왔다.

그렇게 복받치는 감정에 숨 막힌 채 일어날 생각도 못하고 있는데 엄마가 말씀하셨다.

"수고했다. 경혜야."

그리고는 나에게 절을 하시는 거였다. 나는 놀라서 얼른 엄마한테 맞절을 올렸다.

"엄마, 고맙습니다."

주체할 수 없는 눈물이 흘렀다. 엄마의 눈시울도 붉어져 있었다.

서로에게 절을 한 다음, 엄마는 나를 꼬옥, 안아주셨다.

"애 많이 썼다. 정말 애 많이 썼어. 이제 많이 먹자. 많이 말랐다. 우리 딸."

그 때 내 몸무게가 38킬로그램이었다.

7살부터 시작한 절, 그로부터 15년이 지나도록 엄마는 내게 단 한 번도 절을 하라고 강요한 적이 없었다. 그런 엄마가 처음으로 권유한 것이 바로 만 배 백일 수행이었다.

　주위에선 장애를 가진 나에게 일반인들도 하기 힘든 만 배 백일 수행을 권한 엄마를 쉽게 이해하지 못했다. 너무 모질고 독하다고 수군거리기도 했다.

　그들은 엄마의 깊은 속을 모르기 때문이다. 엄마는 결코 나를 장애인으로 취급하지 않았다. 어렸을 때부터 지금 이 순간이 될 때까지 엄마는 내가 장애인이라고 해서 더 보호하고 특혜(?)를 준 적이 없다. 오히려 정상적인 일반인들보다 몇 배의 능력과 수고를 요구하신 엄마였다. 동시에 내가 나약하거나 자책할 틈을 주지 않았다.

　그런 엄마를 나는 진심으로 고마워한다. 솔직히 말하면 그 순간순간에는 서운하기도 하고 마음이 아프기도 했지만 그것이 진정한 사랑임을 완벽하게 이해한 뒤로는 엄마를 전적으로 이해하게 되었다. 나를 장애인으로 인정하지 않은 엄마가 계셨기에 오늘날의 내가 있는 것이다.

　오늘날 내가 있다는 것은 온 사지가 뒤틀린 뇌성마비 장애인이 절을 통해 온전한 몸과 정신으로 다시 태어났음을 깨닫게 된 '또 하나의 시작'일 뿐이다.

인왕산 / 162×130 / 화선지에 수묵 / 1998년 작

제2장 진흙 속에 피는 연꽃

나를 지켜낸 것은 절이었다.
절을 통해 시련을 이겨 낼 수 있는
힘을 생산해 내곤 했다.
절이 내게 새로운 탄생이 될 수 있었던 것은
절을 할 때의 고통으로
내가 지닌 아픔을 이겨낼 수 있기 때문이다.
이열치열과 같이, 아픔을 고통으로 극복한 것이다.

연꽃이 된 아이

아이를 초등학교에 입학시키기 위해 교장선생님과 싸운 엄마가 있다.

대부분 사람들은 취학통지서를 받고 묘하게 들뜨는 기분으로 입학을 기다릴 것이고, 첫 아이의 경우라면 더욱 설레는 마음으로 새 옷 한 벌쯤 준비하고 새 가방과 새 운동화를 사 신기고…… 입학식 날, 아이의 손을 꼭 잡고 아이와 함께 두근거리는 마음으로 입학식에 참여할 터이다.

하지만 그 엄마는 아이를 학교에 입학시키기 위해 그 학교 교장선생님과 싸움 아닌 싸움을 해야 했고 '드센' 엄마로 구설수를 들어야 했다.

우리 엄마가 그랬다.

몸이 뒤틀려 있는 뇌성마비 딸을 일반학교에 입학시키기 위해 엄마는 '투쟁'을 해야 했다. 몇 번이나 사정을 했지만 특수학교로 보내는 게 좋겠다는 교장선생님의 생각이 바뀌지 않자 엄마는 입학을 허락하지 않으면 교육청은 물론이고 안 되면 청와대까지 투서를 하겠다고 강력하게 주장했다.

학교에서 입학을 허락하지 않는 것은 다른 부모들이 달갑지 않게 여길 뿐더러 해당학생에게도 너무 버거울 것이라는 것이 이유였다. 하지만 엄마는 내가 특수학교에 다니면 영원히 장애인으로 살아야 한다는 생각이 들었다.

결국 연년생인 동생을 함께 입학시키고 동생이 나를 잘 돌본다는 약속을 한 뒤 입학을 허락 받을 수 있었다. 그리하여 초등학교 6년 내내 나는 동생 경아와 같은 반이었고 동생 경아의 도움을 받으며 학교를 다녔다.

내가 지금 여기 이런 모습으로 살아갈 수 있는 가장 큰 힘은 엄마에게서 온 것이다.

다른 아이보다 약하고 불편하다고 나를 감싸 안고, 내 대신 무엇이든 해주려고 애를 쓰는 게 아니라 엄마는 더 모질고 더 냉정하게 나를 자꾸 뿌리치셨다. 잘 하든 못 하든 내가 하게끔 내버려뒀다. 그래야 이 험난한 사회에서 살아갈 수 있다고 믿으셨다. 장애인 한경혜로서가 아니라 이 사회의 당당한 구성원인 한경혜로 살아갈 수 있다고 말이다.

그런 믿음이 종교처럼 내게 심어져 그 씨앗이 나무가 되고 튼튼한 줄기를 뻗고 가지를 내고 잎과 열매를 달기 시작하였다.

하지만 그 나무가 뿌리 내리고 한 그루의 튼실한 나무로 자라기까지는 참으로 고단하고 매몰찬 시간들의 연속이었다. 어떤 나무든 그리하지 않을까마는, 태어나면서부터 건강하지 못한 터라 더욱 힘들고 고통스러웠던 것이 사실이다.

몸이 불편하다고 해서 엄마가 학교로 데려다 주는 일은 없었다. 나는 경아의 도움을 받거나 혼자 힘으로 학교로 갔다. 다른 아이들보다 세 배 정도의 시간이 필요했고 그만큼 힘도 들었다.

어떨 땐 경아가 날 업고 가기도 했다.

솔직히 저학년 때는 장애라는 내 처지를 슬퍼하지도 않았다. 육체적으로 힘들기야 말로 할 수 없었지만 학교는 꼭 가야 하는 곳인 줄 알았고, 해야 하는 일이라면 그저 해야 한다는 생각 외에 다른 생각을 아예 엄두를 못내는 그런 순둥이였다.

어렸기 때문일까.

다른 아이들과 내가 다른 모습이라는 사실에 어떤 자극도 받지 않고 그저 열심히 학교 다니고 열심히 절하고, 그게 내 시간의 전부였다.

하지만 시간이 지날수록 나는 조금씩 현실을 인식하기 시작했다.

요즘 문제가 되고 있는 '왕따'가 그 때라고 없지는 않았다. 그런데 얼른 보면 그런 조건을 갖춘 나는 오히려 친구들로부터 괴롭힘을 당하거나 놀림을 받거나 하지 않았다. 동생이 늘 곁에 있어준 덕도 있겠지만 아이들 스스로도 나를 놀리거나 괴롭히지 않았다.

그런데 고학년이 될 수록 친구들이 나를 괴롭히지 않고 놀리지 않는 것이 또 다른 따돌림으로 다가오기 시작했다. 친구들은 아예 나를 제쳐놓고 있다는 생각을 깨닫는 데는 그리 오래 걸리지 않았다. 이미 처음부터 친구들과 나는 선을 하나 그어놓고 이쪽과 그쪽으로 나뉘

어져 있었다는 것을 느끼게 된 것이다.

애들이 노는 것을 한쪽에서 바라보는 것이, 무슨 일을 꾸밀 때 아예 난 없는 존재로 취급하고 얘기하는 아이들 속에 있는 것이, 체육 시간에 혼자 종종 스탠드 신세를 져야 하는 것이, 육체적 고통이나 힘겨움보다 더 고통스럽기 시작했다. 한번씩 찾아오던 알 수 없는 통증도 이상하게 더 아프게 느껴지는 것 같았다.

"엄마, 저 누나 왜 그래?"

"됐어. 빨리 가자. 쳐다보지 말고."

"인식이 너! 당장 바로 걷지 못해? 흉내 내지 말라고 했지. 너 맞을래?"

길거리에서 꼬마와 그 꼬마의 엄마가 나누는 대화가 가슴에 날카로운 유리조각으로 박힌 것은 5학년 초였다. 그 꼬마의 이름이 아직 기억날 만큼 그 유리조각은 깊숙이 박혔다. 그 전에도 길이나 버스 안에서 사람들이 쳐다보며 힐끔거리기도 했고 철부지 꼬맹이들은 대놓고 놀려대기도 했다.

그런데 그날따라 왜 그렇게 그 말이, 그 표정이 아팠을까.

커가는 것은 세상을 알아가는 것이고 그것은 곧 고통을 알아가는 것에 다름 아니라는 말처럼 내가 순수한 동심을 잃고 커가고 있기 때문이었을까. 그 엄마의 '흉내 내지 마라'는 말이 날카로운 비수처럼 내 가슴에 받혔다. 혼자 집으로 가던 길이었는데, 그날은 그 어느 날보다 더 오랜 시간이 걸려 집에 도착할 수 있었다.

그렇게 장애인으로서 겪어야 했던 정신적, 육체적 고통은 이 세상에서 지내는 시간과 비례하여 점점 강한 힘으로 나를 누르기 시작했다.

그럴 때 나를 지켜낸 것은 바로 절이었다. 절을 통해 시련을 이겨낼 수 있는 힘을 생산해내곤 했다.

절이 내게 새로운 탄생이 될 수 있었던 것은 절을 할 때의 고통으로 내가 지닌 아픔을 이겨낼 수 있기 때문이었다. 이열치열 같이, 아픔을 고통으로 극복한 것이다.

지나놓고 보니 장애의 고통을 이겨내고 승화시키는 길은 완전히 새로운 시각으로 세상과 나를 보는 것이다. 새로운 시각이란 마음의 눈이다.

우리가 행복한지 불행한지는 우리가 처해 있는 상태에 따라 달라지는 것이 아니라 그 상태를 바라보는 우리 자신의 마음에 따라 달라진다고 본다. 흔히 주스가 반쯤 담긴 컵을 보고 어떤 이는 '벌써 반이나 마셨네'라고 생각하고 어떤 이는 '반이나 남았네'라고 생각한다는 비유를 생각하면 될 것이다. '아직 반이나 남았네'라고 생각하는 사람이 기분 좋고 그래서 더 발전적으로 살아갈 수 있다.

그 마음의 눈을 뜨는 길이 나에게 있어서는 절 수행을 통해서였던 것이다.

마음의 눈을 뜨는 것은 마음을 맑게 닦는 것을 의미한다. 깨끗한 마음을 새로 만드는 것이 아니라 마음을 본래의 상태로 가지게 되었고, 나를 새로 만든 것이 아니라 나를 있는 자체로 볼 수 있게 된 것이다.

내게 미술을 배우러 오는 아이들 중에는 장애를 가진 아이들이 있다.

시력이 너무 나오지 않아 점점 예민해지고 공부에도 집중하지 못하는 아이도 있고 자폐증 때문에 마음의 벽을 높이 쌓아 놓고 그 속에 혼자 있는 아이도 있다.

하지만 나는 그 아이들을 다른 아이들과 다르게 취급하지 않는다. 물론 눈에 띄지 않게 그 애들을 살펴보고 좀 더 깊은 관심을 가지거나 방법을 제시하려고 노력하지만 말이다.

뇌성마비라는 이름표를 하나 더 달고 있는 나이기에 몸이나 마음이 아픈 친구들의 마음이나 사정을 잘 안다고 생각한다.

장애인들이 사람들에게 바라는 것은 관심과 이해이지 동정이 아니다. 서로 다른 점을 인정하고 배려해주는 것은 비장애인 사이에서도 이루어져야 하는 사람살이의 맛이지만, 장애인도 역시 그것을 바라는 것이다.

그런데 많은 사람들이 장애인들에게 아예 관심이 없거나, 관심을 가진다는 것과 동정을 구별하지 못한다. 장애인들이 바라는 건 따뜻한 관심과 이 시대를 함께 살아가는 동반자라는 인식이지 동정이 아니다.

그런데 장애인을 바라보는 비장애인의 시각도 시각이지만 장애인 스스로에게도 덫이 있다. 자신들의 상황 때문에 스스로 위축되거나 아예 포기하는 태도가 바로 그 덫이다. 심지어 특별대우를 바라기도 한다.

나는 내 몸이 불편하기 때문에 비장애인보다 더 많은 노력을 해야 하는 것을 일찌감치 알았다. 그것이 싫든 좋든 내 운명이니 받아들이자고 했다. 운명은 우선 받아들여야 극복이 가능하다고 생각했다. 장애인이니까 특별히 봐달라고 하고 싶지도 않았고 열외 시키는 것도 싫었다.

다만 장애인이라는 선입견을 버리고 봐주었으면 하고 바랬다. 무슨 일이든 기회를 똑같이 주기를 바랬다. 물론 세상은 그런 나의 소망을 종종 외면했지만 말이다.

많은 장애인들의 부모들에게 어떤 태도가 진정으로 사식을 위한 것인지 깊이 생각해 주길 진정 장애인의 한 사람으로 충언하고 싶다.

진흙 속에서 연꽃으로 피어나느냐, 썩어가는 이파리로 사라지느냐는 함께 살아가는 이웃들의 시각과 그리고 무엇보다 장애인 본인과 그 부모의 마음에 달려 있다고 본다.

토요일은 큰스님 만나는 날

초등학교 시절, 난 토요일이 좋았다.

토요일이 되면 성철 큰스님을 만나러 해인사로 가기 때문이다.

학교에서 돌아오면 집에서 점심을 먹고 2시쯤에 백련암으로 가는 시외버스를 탔는데, 엄마나 여러 사람과 함께 갈 때도 있었고, 나와 경아랑 둘이서 갈 때도 있었다.

해인사 주차장에서 내려 백련암까지 걸어 올라가는 그 산길에서의 시간이 참 좋았다. 주차장에 내리는 순간부터 마음이 편안해졌고, 공기마저 색다르게 느껴졌다. 내 겉모습은 달라지지 않았는데도 마치 다른 세상에서 다른 사람이 되어 걸어가는 느낌이었다. 의도적으로 뿌옇게 화면처리를 한 영화스크린 속에 들어간 듯한 기분.

백련암으로 이어지는 길, 백련암의 풍경, 그 속에서 장애인이 아닌 새로운 경혜가 되어 마음껏 신선한 공기와 경건한 향내를 깊게 들이마시곤 했다.

그렇게 천천히 걸어서 백련암에 도착하면 저녁 공양 시간 무렵이었다.

우리를 반갑게 맞아주시는 스님들께 인사를 드리고 저녁 공양 시간을 마치면 그때부터 절을 하기 시작하였다.

나는 어렸지만 기본이 삼천 배이고, 대부분 삼천 배 이상을 하는데 밤을 새는 건 예사였다.

해인사 본당에 계신 스님들은 물론 백련암에 계시는 스님들은 경아와 나를 참 예뻐해 주셨다는 느낌이 항상 남아있다.

특히 경아는 그 활달하고 붙임성 있는 성격으로 스님들에게 귀염을 독차지했다. 왈가닥인데다 가릴 것 없이 하고 싶은 대로 하는 경아여서 어떨 땐 내가 다 조마조마했는데 큰스님은 그런 경아와 오히려 참 친하게 지내셨다. 큰스님이 워낙 아이들이라면 평소의 괴팍한 성품을 모를 만큼 좋아하시지만 말이다.

아무튼 경아가 나타나면 백련암은 왁자지껄 야단법석이 되었다.

백련암에 도착하면 경아는 성철 큰스님이 계신 방 쪽으로 가서 "스님. 내 왔어예!"라고 소리를 지르고 성철 큰스님이 아무 대답이 없으면 다시 "경아 왔어예!"라고 더 큰 소리로 고함을 질렀다.

보통 우리가 찾아가는 시간쯤이면 큰스님이 밖에 나오셔서 산책을 하시거나 했는데 가끔 안 보이실 때도 있었다. 그러면 경아는 한참동안 큰스님을 불렀다. 그래도 안 나오시면 나중에는 급기야 큰스님 이름을 불러댔다.

"성철아. 성철아"

그쯤 되면 큰스님은 윗옷은 겨울 내복이고 아래는 승복 차림으로 나오셔서 그 큰 목소리로 고함을 치셨다.

"야이, 가시나야!"

성철 큰스님이라면 모두들 무서워하고 어려워하는데 경아는 아랑곳없었다. 큰스님이 가만 두지 않겠다며 고래고래 소리를 지르셔도 경아는 혀를 쏙, 내밀고는 도망갔다.

"그러니까 진~작 나오시지."

가끔 경아는 토요일이 되기 전에 큰스님께 편지를 써서 부치곤 했는데 그 내용은 '스님, 이번에 갈 때는 일주문에서 좀 기다려 주세요.' 라는 거였다.

경아가 아니면 상상도 못할 일이었다. 그런데 놀라운 것은 큰스님이 경아의 편지를 받은 날은 그 장소에서 꼭 기다리고 계셨다는 것이다.

그곳에 계시다가, 표정이나 말투는 무뚝뚝하시지만 경아와 나를 맞이해주시는 큰스님을 뵈면서 나는 얼마나 기뻤는지 모른다.

성철 큰스님이 아이들을 좋아하는 것은 다 알려진 사실이고 경아와 나와도 우리가 평생 잊지 못할 추억들을 만들어주셨다.

사실 경아와 큰스님의 첫 대면은 상상도 못할, 정말 아찔한 기억이 새롭기까지 하다.

장난기 많고 말썽을 잘 피우는 경아였기 때문에 경아가 처음 백련암으로 가던 날에는 엄마는 아예 우리와 함께 백련암에 가시지 않았다.

"안 봐도 뻔하기 때문이었어. 저 녀석이 좀 말썽꾸러기였어야지."

우리는 대신 이모할머니랑 같이 백련암에 갔는데, 엄마는 우리가 떠나기 전 경아에게 몇 번이나 당부를 했다.

"큰스님 뵙게 되면 반드시 합장하고 공손히 절을 해라."

경아는 그 말을 듣는 둥 마는 둥하고 느닷없이 병아리 다섯 마리를 소쿠리에 담아가지고 갔다. 그 병아리는 경아가 용돈으로 학교 앞에서 산 병아리였다.

엄마가 병아리를 두고 가라고 했는데도 경아는 아랑곳 하지 않고 병아리에게 법명을 지어주어야 한다며 고집을 피우고 백련암까지 가지고 갔다.

백련암에 처음 가본 경아는 마당으로 나가 그저 아무 생각 없이 몇 바퀴를 빙빙 돌고 있었다. 나는 법당 앞마루에 앉아 그런 경아를 보고 있었는데 마당으로 나오시던 큰스님과 경아가 만나게 된 것이다.

여름인데도 털모자에 장갑을 낀 손과 누비 두루마기가 경아 눈에는 이상하게만 보였던 모양이었다. 경아가 큰스님 가까이 가더니 아래위로 한참 훑어보다가 큰스님께 물었다.

"스님, 스님 이름이 뭐예요?"

그 말을 듣고 나는 가슴이 철렁 내려앉았지만, 큰스님은 내 쪽으로 등을 돌리고 계셨고 경아는 아예 나를 보지도 않았다. 나는 소리쳐 경아를 부를 수도 없고 엉거주춤한 자세로 어쩔 줄 모르고 서 있었다.

"나는 이름이 없다."

성철 큰스님은 그렇게 대꾸해주셨다.

"세상에 이름 없는 사람이 어디 있어요? 진짜 이름이 없으면 내가 하나 지어 줄까요?"

"그래, 하나 지어봐라."

큰스님이 경아에게 고개를 쑥, 내밀면서 물어보시는 것이었다.

경아는 큰스님을 또다시 아래위로 훑어보더니 즉답을 했다.

"아무리 봐도 깡패 같이 보이는데 깡패스님 합시다."라고 말해버렸다.

나는 물론이고 주변에 있던 다른 스님들의 얼굴이 하얗게 질렸다. 그러나 큰스님은 껄껄 웃으며 이렇게 대답하셨다.

"알았다. 깡패 가시나야."

그때부터 해인사와 백련암에서 경아의 이름은 깡패로 통했다.

성철 큰스님과 주거니 받거니 얘기를 하던 경아가 문득 생각난 듯 물었다.

"근데 여기 성철 큰스님이 계신다던데 어디 있어요?"

큰스님은 시치미를 뚝 떼고 법당 쪽을 가리키면서 대답하셨다.

"저기에 있다."

법당 쪽을 본 경아가 퉁명스럽게 대꾸했다.

"아무도 없잖아요. 피, 그러니깐 깡패지."

그런데 그때 마침 부산에서 온 보살들이 큰스님께 땅바닥에서 바로 큰 절을 올렸는데 경아는 그것을 보고서야 어린 나이로도 눈치를 챘다.

'앗! 이 깡패 스님이 성철 큰스님이시라고?'

저도 놀라긴 꽤 놀란 모양이었다. 하지만 잠시뿐이었다.

상황이 그 정도가 되었으면 어디론가 줄행랑을 쳤을 텐데 경아는 놀라움도 잠시였다. 조금 후에는 가지고 온 병아리를 큰스님께 보여드리고는 병아리에게 법명을 지어달라고 졸랐다.
 그 때 병아리들이 '삐~약, 삐~약' 하면서 계속 시끄럽게 소리 내고 경아도 성가시게 굴며 따라다니니까 큰스님이 병아리를 보고 큰 소리로 호통을 치셨다.
 "시끄러!"
 그런데 그 순간 병아리들이 갑자기 조용해지면서 한참동안이나, 아마도 우리가 절을 마칠 때까지 조용히 있었던 것으로 기억된다.
 나중에 절을 내려오기 전에 경아는 큰스님께 병아리를 알롱이, 달롱이, 재롱이, 초롱이 이렇게 '롱' 자 돌림으로 할 거라고 했더니 큰스님께서는 아무말씀 없이 바라보시더니 병아리를 마을에 가서 사람들한테 나누어 주라고 하셨다.
 경아는 그렇게 성철 큰스님과 첫 만남에서부터 친한 친구가 되었던 것이다.
 나로선 항상 부러운, 경아의 사교적(?) 성품이 유감없이 발휘된 덕이지 싶다.
 성철 큰스님과 경아 사이에는 재미난 이야기가 많이 있다.
 절은 부지런히 하였지만 큰스님하고 가깝게 대화를 하며 지내지 못하던 나와는 다른 경아였다.
 경아는 사실 덩치도 좋고 힘도 세다. 같은 반 친구들이 경아보다 한 살이 많은데도 경아에게 꼼짝하지 못했다. 남자든 여자든 마찬가지였다.
 그런 경아는 5학년쯤 되어서는 백련암에 가면 가끔 성철 큰스님을 업고 경내를 돌곤 했었다.

그런데 어떤 때는 큰스님이 경아의 한 가닥 묶은 머리를 말고삐처럼 잡고 그것을 잡아당기면서 "가시나야, 이리 가자."라고 장난을 치시곤 했다. 하지만 그냥 얌전히 큰스님 말을 들을 경아도 아니었다. 머리가 당겨져 아픈 경아는 한껏 약이 올라서 이렇게 말하곤 했다.

"자꾸 그러면 이 손 놓아뿐다. 그라면 우째 되는지 알지예? 스님."

그러면 큰스님도 지지 않고 "그라몬 더 세게 잡아당긴다?" 하면서 서로 윽박지르며 장난을 치곤했었다.

어떤 날엔 경내에 있는 조그마한 연못가에 서서 경아와 큰스님이 서로 연못에 빠져보라고 장난을 치기도 했다. 솔직히 경아와 큰스님이 나누는 말이나 행동을 보면 내 가슴이 다 조마조마했다. 하지만 두 사람은 누가 뭐래도 가까운 친구 같은 사이였다.

한번은 큰스님이랑 함께 산책을 할 때였다. 경아가 큰스님께 이렇게 말했다.

"큰스님 주장자 물려줄 사람 없으면 나 주세요."

아이였으니 가능한 말이었다.

"야 이, 가시나야. 니가 뭐할라꼬?"

큰스님이 빙그레 웃으며 묻자 경아가 대답했다.

"기념으로 간직 할라고요."

"야, 이 가시나야. 니가 먼저 죽으면 우짤래?"

"그러면 내가 주장자 만들어서 큰스님한테 줄께예."

"가시나야. 그 전에 이 주장자로 먼저 맞아봐라."

그러면서 큰스님이 경아를 때리려고 하자 경아는 안 맞으려고 또 도망을 쳤다. 그 모습을 보면서 나는 큰스님께 죄송하기도 하면서 한

편으론 경아가 부럽기도 했다.

또 한번은 경아를 비롯한 세 명의 여자아이들이 사고를 치고 말았다. 경아의 별명이 또 하나 생기는 사건이었다.

백련암의 화장실은 사실 좀 무서웠다. 그래서 그 세 명의 꼬마들은 무서운 화장실 대신 마당 한쪽에 있는 우물가에서 실례를 하기로 하였다. 마침 그 곳에는 아무도 없었던 것이다.

그렇게 해서 간 큰 가시나 셋이서 우물가에서 속옷을 내리고 오줌을 누기 시작했다.

그런데 몇몇 스님들의 눈에 그 광경이 목격되고 말았고 스님들이 황급히 자리를 옮겼는데 저만치서 큰스님이 스님들의 행보가 빨라지는 것을 보고 수각 쪽으로 오신 거였다. 그러자 기정이와 지민이는 오줌을 흘리면서 '걸음아 나 살려라', 도망을 갔는데도 경아는 누던 오줌을 마저 다 누고 천천히 팬티를 올렸다. 나중에 하는 말이 어차피 들켰는데 누던 오줌은 마저 누어야겠다고 생각했다는 것이다.

경아의 행동을 보고 큰스님도 기가 막혀서 "샘이가에서 오줌 싼 년."이라고 한 마디 하실 뿐이었다. 하지만 나중에 천 명 가까운 대중들이 모였을 때 경아를 향해 "샘이가에서 오줌 싼 가시나. 나와라."고 하면서 경아를 약 올리기도 했다. 그렇다고 경아는 크게 창피해 하는 것 같지도 않았다.

그 일이 있은 뒤 큰스님은 한동안 경아를 놀려대었다. 큰스님은 경아에게 '깡패'와 '샘이가에서 오줌 싼 년'이라고 별명을 붙여주었고 맨 날 호통을 치시면서 주장자로 내리치는 흉내를 내시지만 결국 경아를 예뻐해 주시는 표현의 한 방법이었다는 것을 나는 어린 나이에도 알 수 있었다.

어린아이를 집안에서 주불(主佛)로 모시고 때 묻지 않은 생활을 하기 위해선 어린아이를 본받아야 한다고 말씀하시던 성철 큰스님의 그 말 속에서처럼 아이들을 좋아하시던 단면을 나는 내 동생 경아와의 일화에서 쉽게 엿볼 수 있었다.

한번은 부산에서 오신 보살님들 네 분이 땅에 엎드려 절을 하는데 큰스님께서 곁에 있던 경아에게 "저 사람들에게 무엇을 도적질하러 왔는지 물어봐라."고 하셨다. 그 말을 듣고 나는 괜히 가슴이 두근거렸지만 경아는 표정 하나 바꾸지 않고 그 네 분에게 물었다.

"무엇을 도적질하러 왔어예?"

부산에서 오신 그 보살들은 서로 얼굴을 쳐다보면서 어리둥절한 표정을 지었다. 그 모습을 보시던 큰스님께서 경아에게 말씀하셨다.

"가자. 별거 아니다."

그리고는 경아를 데리고 산으로 올라가셨다.

경아와 나의 추억 속에 살아계신 성철 큰스님, 그때만 해도 우리는 성철 큰스님이 그 정도로 큰 영향력을 남기신 큰스님인 줄 몰랐다.

그런 분이 어리고 보잘 것 없는 우리 두 자매에게 베풀어주신 깊은 배려와 마음을 생각하면 지금도 고개가 절로 숙여진다.

그 분은 그렇게 내게 있어 절을 통해 장애를 극복하게 한 내 삶의 근간을 이루시는 분이시다.

큰스님의 마지막 강렬한 눈빛

성철 큰스님을 마지막으로 뵌 것은 열반에 드시던 그 해 정월이었다.

그리고 마지막 만남이었던 그때 큰스님의 그 눈빛을 나는 평생 잊을 수 없다.

열반하시기 전 마지막 정월 아비라 기도 때였다.

이리저리 찾아봐도 큰스님 모습이 보이지 않았는데 기도를 마치고 난 후 회향직전에 큰스님 곁에서 몇몇 높은 스님과 시자스님이 함께 검은색 승용차에서 내리셨다. 어린 내 눈에도 몸이 많이 여의고 수척한 얼굴에 힘이 없어 보이셨다. 하지만 눈빛만은 여전히 반짝반짝하게 빛나고 있었다.

성철 큰스님은 절 구석구석을 돌아보셨는데 모든 대중들이 큰스님을 향해서 합장을 했다. 대중과 큰스님과의 거리는 대략 10미터 정도였다.

　나도 큰스님이 계신 쪽으로 몇 걸음 나가서 한 번 더 합장을 했다. 그런데 그 순간 성철 큰스님의 눈동자와 내 눈동자가 마주쳤다.
　큰스님의 눈빛을 보는 순간, 나는 큰스님의 그 강렬한 눈빛에 그만 주관과 객관을 잃어버린 무아가 되어있었다. 아무 생각이 나지 않고 내가 큰스님의 눈 속에 들어간 느낌밖에 생각이 안 나고 잠시의 시간 속에 정지되어 있는 듯한, 아무튼 말로 표현하기 어려운 이상한 경험을 했다.
　그렇게 마주 한 채 얼마가 흘렀을까.
　시자스님께서 "큰스님. 이제 내려가시지요." 하면서 여쭙고 있는 순간에도 계속 나에게 눈길을 떼지 않으셨는데 그때 큰스님의 눈빛은 나에게 강렬한 무언가를 말하고 계셨다.
　승용차를 타시면서도 나한테 눈을 떼지 않으셨고, 승용차 뒤 좌석에 앉으셔서도 그리고 차가 출발하여 시야에서 멀어질 때까지 분명 계속 나를 응시하고 계셨다.

나는 참으로 신비하고 경이로운 체험을 하였다. 모든 것이 각각 그 자체로 존재하는, 생전 처음 가져보는 느낌이었다.

나중에 그와 같은 경험은 두 번째 만 배 백일기도에서 다시 하게 되었는데 도저히 말로는 표현 불가능한 느낌이다. 모든 사물이 전혀 새로운 시각으로 보이고 완벽하게 제 존재로 존재하는 느낌…… 참으로 묘하고도 신비로운 교감이었다.

나는 성철 큰스님께서 그렇게 마지막 만남에서 나에게 분명 무언의 메시지를 주셨다고 믿는다. 그 말씀이 정확히 무엇이었는지 표현하기 어렵지만, 마치 내겐 등불이자 죽비 같은 엄숙한 인생의 좌표처럼 존재한다.

그 이후로 나에게 그 강렬한 눈빛의 죽비는 무의식속에서 잠자는 나를 늘 깨우고 있다.

매일 천 배씩 절을 하겠다는 큰스님과 나의 약속이 슬그머니 무겁게 느껴질 때도, 절을 일 배 일 배 정확히 정성스럽게 하지 않을 때도, 마음속으로 불안과 시기와 욕심이 들어와 앉으려고 할 때도, 나를 믿지 않고 나를 사랑하지 못하고 못난 생각에 점령되려고 할 때도, 세상이나 다른 사람에 대한 원망이나 미움이 잡초처럼 자라날 때도, 우리 모두가 부처라는 진리를 잊고 귀한 마음 옅어질 때도 성철 큰스님의 마지막 눈빛은 매섭고 단호하면서도 따뜻한 죽비가 되어 내 정신을 맑게 해주었다.

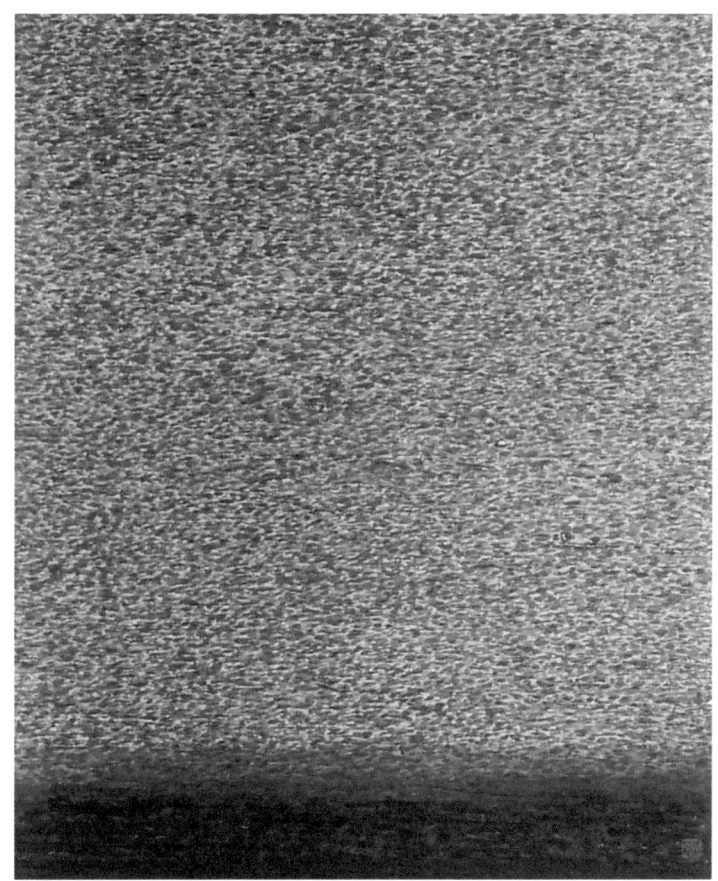

물빛 / 162×130 / 화선지에 수묵 / 2002년 작

내 동생 경아

경아. 내 하나뿐인 동생, 한경아.

지난해 TV의 한 토크 프로그램에 출연했을 때 진행자가 경아에게 성격이 참 좋다고 표현했던 것이 기억이 난다. 짧은 시간에 느낀 그 진행자의 지적은 참 정확했다. 내 동생이라서가 아니라 경아는 정말 흔히 말하는 것처럼 성격 참 좋고, 몸도 마음도 건강한 아주 매력적인 여자다.

경아나 나나 분명 같은 환경에서 자랐다. 그러니 같이 힘들고 어려웠던 시간들임에 틀림이 없을 것이다. 물론 나는 장애라는 멍에를 지고 있었지만 그런 언니 때문에 경아 역시 많이 힘들었었다.

그런데도 경아는 늘 씩씩했고 긍정적이었다. 항상 웃고 사람들과도 잘 어울리는 경아를 보며 난 부러웠다. 경아의 튼튼하고 반듯한 사지를 보면 가끔 내 비틀린 사지가 더 싫어지기도 했다.

하지만 어쩌면 경아는 나보다 더 힘들지도 모르겠다는 생각을 바보처럼 철이 들고서야 하였다.

아빠 없이 엄마 손에서 그것도 무척이나 가난한 환경에서 자라면서 경아는 덤으로 몸 불편한 언니의 지팡이 역할까지 해주어야 했다. 그러면서도 엄마의 관심 레이더에서는 항상 두 번째였다. 둘 뿐인 형제라도 막내는 막내인데 다른 집 막내처럼 어리광을 부리고 보살핌을 받을 수 있는 상황이 아니었다.

그렇잖아도 우리를 강하게 키워야 한다는 생각으로 엄했던 엄마, 거기에다 엄마의 관심이나 목표는 병을 가진 큰딸인 나에게 쏠려 있었다. 긍정적이고 낙천적인 경아라 할지라도 서운하고 외로울 때가 많았을 것이다.

학교에서도 늘 보살펴 주고 도와주어야 하는 언니가 귀찮기도 했을 것이다.

그런데도 경아는 늘 내 곁에 있어 주었고 기껍고 정겨운 동반자가 되어 주었다. 가끔 골을 부리기도 했지만 그 정도야 형제들끼리라면 어느 집이든 일어나는 일이었다.

지금은 그야말로 각자의 삶을 살고 있지만 어렸을 때는 경아와 나는 한 세트처럼 붙어 다녔다. 아니, 경아가 없으면 모든 것이 힘들고 불편했던 시절이었다.

8살 때 일이다.

초등학교 수업을 마치고 집으로 가는 길이었는데 여느 때처럼 몇 번이나 쉬어가면서 걸어가고 있었다. 그날 경아는 환경미화반이라서 선생님의 심부름을 해야 되었기 때문에 나 혼자 먼저 천천히 집으로 가고 있었다.

그런데 갑자기 어디선가 돌이 날아와 내 팔을 맞혔다.

"아얏!"

팔을 손으로 움켜잡으며 주변을 둘러보았다.

아파트 단지 바로 근처였는데 대여섯 살 정도 되어 보이는 철없는 동네 꼬마들 몇 명이 돌멩이를 하나씩 집어서는 나에게 던지고 있었다. 사실 그 날이 처음은 아니었다. 그 전에도 그 이후에도 그 꼬마들은 나만 보면 그렇게 돌을 던지곤 했다.

그 아이들 눈에는 오체가 따로따로 흔들거리는 내가 이상한 괴물처럼 보였던 모양이었다.

그런데 그날따라 아이들이 계속해서 많은 돌을 던졌고, 난 피할 수없이 맞아야했고 그 순간 너무도 아팠다.

아프고 무서워서 고함이 저절로 터져 나왔는데, 내가 아프다고 소리치며 울어도 아이들은 돌 던지는 것을 멈추지 않았다.

힘이 없어서, 빨리 움직일 수가 없어서, 나는 도망치지도 못하고 고스란히 돌을 맞고 있었다. 머리, 몸, 다리, 구석구석 혹이 생기고 피가 나기 시작했다. 아무런 생각이 안 났다. 무섭고 아플 뿐이었다.

서럽게 울면서 집으로 돌아간 나는 집에 도착하고서도 한참을 울었다. 엄마는 안 계셨고 혼자 울고 있는데 경아가 왔다.

경아는 나의 몰골을 보고, 눈물과 피가 범벅이 된 나를 보고 같이 울었다.

"가만 두지 않을 테야."

씩씩거리는 경아의 목소리를 들으며 나는 더 서럽게 울었다.

돌멩이 세례를 받고 난 후 며칠 동안 온 몸에 열이 나서 병원 신세를 지게 되었다. 병원에 있는 동안 상처가 아물어 가는데도 나는 더 깊이 아팠다. 세상이 나에게 언제 돌을 던질지 모른다는 생각이 자꾸 들어 두려웠다.

씩씩하게, 밝게, 당당하게 살려고 노력하다가도 한번씩 그렇게 세상의 폭력을 받고 나면, 그만 나는 저만치 달아나 있었다. 자라목처럼 내 속으로 도망갈 수밖에 없었다.

하지만 그 아이들도, 무심히 경멸하는 눈빛을 보낸 사람들도, 모를 것이었다. 자신들이 한 사람의 영혼을 얼마나 짓밟았는지, 그 영혼이 다시 빛을 받아들일 수 있을 때까지, 다시 사람들 속에서 웃게 되기까지 얼마나 긴 노력이 필요한지 말이다.

병원에서 퇴원한 뒤로 나는 한동안 '부처님. 아이들이 제발 나한테 돌멩이를 던지게 하지 말아주세요.' 라며 울면서 절을 했다.

그렇게 심하게 당한 뒤로 경아는 더욱더 나를 지켜주기 위해 애를 썼다. 초등학교 일학년 때부터 언니인 나를 화장실에 데려가거나 이것저것 챙겨주기 위해 바빴던 경아는 언제부터인가는 도우미가 아니라 다른 아이들의 부침으로부터 나를 지켜주는 수호천사이기도 했다.

항상 믿음직스럽고 용감하고 의협심이 강한 경아.

가끔 장난이 심해서 말썽을 피우기도 하지만 그것은 나름의 환경을 극복해내는 하나의 방편이었을지도 모를 일이다. 그래서인지 학교든 어디든 친구들 사이에서 늘 인기 '짱' 이었다.

그것은 내가 동생인 경아를 제일 부러워하는 부분이기도 했다.

경아는 나에게만 보호자 역할을 하는 게 아니었다. 늘 친구들이나 이웃의 동생들을 챙겨주고 보살펴 주었다. 학교에선 물론이고 동네에서도 경아의 인기는 최고였다. 학교 갔다 돌아오는 길이면 동네 꼬마 애들이 경아에게 손을 흔들며 좋아했다. 콧물까지 질질 흘리면서 경아를 졸졸 따라다니기도 했다.

"언니야~ 언니야. 누나야~ 누나야." 하면서.

그러면 기분이 흐뭇해진 경아의 주머니에선 비상금이 나왔다. 경아는 새우깡 하나를 사서 동네 꼬마들한테 하나씩 나누어주었고, 그러면서 자기도 행복해 하는 모습이 지금도 눈에 선하다.

아무튼 경아는 내게 있어 엄마와 버금가는 울타리였다.

내가 놀이터에서 놀고 있으면 가끔 동네 아이들이 괜히 이유 없이 나를 놀리거나, 혹은 때리거나 했는데 만약에 그 광경을 경아가 목격하게 되면 경아는 바람처럼 달려와 대여섯 명이나 되는 동네 아이들을 골고루 한 방씩 먹이고는 나를 업고 집으로 돌아오곤 했다.

이런 동생이 있어서 항상 든든했고, 엄마도 내가 경아하고 있으면 마음이 놓인다고 하셨다. 그런데 가끔 경아가 돌변하여 나한테 달려들 때도 있었다. 그러면 나는 어쩔 수 없이 고스란히 당해야 하는 형편이 되곤 했다.

동네 아이들한테 당할 때보다 몇 배나 서럽고 속이 상했던 나는 가끔 엄마에게 그 사실을 말하기도 했지만 대부분은 그냥 혼자 속으로 삭히고 넘어갈 때가 더 많았다. 엄마가 속상해 할 것이며 경아가 야단맞을 것이기 때문이다.

그런 날이면 혼자서 억울하고 슬퍼서 눈물을 흘렸다.

어느 형제자매가 서로를 귀하게 여기지 않을까 만은 내게 경아는

천불천탑 운주사2/169×117/한지에 수묵/2023년 작

참으로 소중하고 따뜻한 인생의 동반자였다. 만약 경아가 없었다면, 하고 생각해 보면 내 삶이 너무도 쓸쓸했을 것 같다. 초등학교 때는 그야말로 친구로, 보호자로 내 곁에 있어주었고, 중학교 때는 단짝으로 그리고 고등학교 시절에는 또래들 문화와 나 사이의 통로가 되어 주었다.

그렇게 씩씩하고 낙천적이고, 또한 장난꾸러기이던 경아도 울 때가 있었다. 하긴 표현을 안 해서 그렇지 많이 울고 싶었고, 속이 상한 적이 많았을 것이다.

그때도 안 울던 경아가 우는 바람에 깜짝 놀랐다.

추석이 갓 지난 토요일이었다. 몇 학년이었는지는 잘 기억나지 않지만 여느 토요일처럼 백련암에 가서 절을 했고, 늘 그랬듯이 절을 마치고 나올 때는 일요일이 되어 있었다.

그런데 마침 그 날은 성철 큰스님도 밖으로 나와 계셔서 같이 간 분들과 함께 인사를 하고 있었다. 그런데 경아가 갑자기 성철 큰스님을 쳐다보면서 눈물을 주루룩 흘리는 것이었다. 소리 하나 내지 않고 말이다.

큰스님께서도 그냥 지나칠 수 없었는지 "왜 우냐?"고 물어 보셨다.

"추석 때 한복을 한번 입어보고 싶은데, 꼭 입어보고 싶은데……"

그러면서 그 다음 말을 이어가지 못하고 소리도 내지 않고 눈물만 흘리면서 서럽게 우는 것이었다.

"안 그러려고 해도 동네 가시나들이 입고 다니는 거 보면 나도 자꾸 입고 싶어 생각만 해도 눈물이 남미더."

나는 놀랐다.

경아가 그런 이유 때문에 눈물을 흘린다는 사실도 그렇지만 그리고 그러한 마음을 성철 큰스님에게 털어놓을 수도 있다는 것이 더 놀라웠다.

경아의 말을 다 들은 큰스님께서는 우리랑 같이 백련암에 간 이모할머니에게 이렇게 말씀하셨다.

"한복이 몇 닢 한다고 이래 아 눈물 흘리게 만드노?"

그러자 이모할머니는 어쩔 줄을 모르며 고개를 숙였다.

"네, 알겠습니다. 내려가서 사서 입히겠습니다."

그러자 경아의 눈물진 얼굴이 조금 밝아졌다.

그랬던 것이다.

나야 매일매일 천 배를 하면서 내 비틀린 몸과 정면승부를 해야 하는 과제가 있어 일상적이거나 평범한 감정에 빠지지 못했지만 경아는 그저 평범한 여자아이였던 것이다. 늘 웃고, 언니를 동생처럼 챙기고 산다고 해서 또래가 느끼는 것들을 의연하게 넘길 수만은 없었다.

한복을 꼭 입어보고 싶었지만 엄마가 힘드실까 봐 말은 못하고 추석 두 달 전부터 한복 가게 쇼윈도우를 보고 또 보며 소망을 빌었다는 경아. 등하교 길에 한복 가게 앞을 지날 때마다 그 소망은 자라만 갔다. 그런데 추석이 되어도 끝내 입고 싶은 한복을 입을 수 없게 되자 자기도 모르게 눈물이 났다며 씩, 웃던 내 동생 경아.

경아의 눈에서 뚝뚝 떨어지던 닭똥 같은 눈물을 잊을 수가 없다. 남자처럼 씩씩한 경아한테도 그런 감성이 있다는 사실이 새로움으로 다가왔으며, 비록 내가 몸이 불편한 언니지만 경아를 마음으로 챙겨주는 언니가 되어야겠다는 생각을 했다.

어쨌거나 경아 덕분에 나도 한복이 하나 생겼고 우리 자매는 하루종일 집안에 있으면서도 그 한복을 입고 있었다.

한복 한 벌로 그토록 가슴 그득하게 행복했던 시절. 지금은 더 많은 옷이 있는데 그때만큼 순수하게 행복해지지는 못한 거 같다. 옷이 흔해져서일까. 아니면 그 시절보다 욕심이 많아진 내 마음 때문일까.

나 때문에 경아는 엄마로부터 받아야 할 사랑과 관심을 많이 못 받았다. 그런데도 잘 참아준 경아가 늘 고맙고 미안하다. 엄마도 경아에게는 미안하다고 말씀하신다.

"경아야, 넌 내게 기둥 같은 존재였다. 그거 알지?"

엄마는 이제 경아에게 솔직한 심정을 털어놓으신다.

엄마 마음으로 우리 둘 다 눈에 넣어도 아프지 않을 자식이지만 아픈 자식에게 신경이 더 쓰이셨던 것이다.

"경아가 성격이 참 좋아요. 경아는 인성이 좋고, 경혜는 근면하고 성실하답니다."

사람들에게 그렇게 말하며 웃는 엄마를 보면서 이제 엄마가 마음을 놓으셨다는 것을 느낄 수 있다.

항상 엄마의 가슴에 대못으로 박혀 있었을 나도, 미안한 마음 표현 못해 안쓰러워 했을 경아도 이제 엄마는 기분 좋게 떠나보내시는 중인 듯 하다. 그것도 엄마의 소망대로 건강하고 자신을 당당하게 연출해 나갈 수 있는 힘을 지닌 사람으로 자랐기에 더욱 기분 좋게!

가끔 경아에게 더없이 미안하고 고마우면서 이런 생각을 한다. 경아는 나를 위해 금방 내 뒤를 따라 이 세상으로 나온 것 같다고. 이제 경아에게 받은 사랑을 돌려주고 싶다. 그리고 경아가 자기 분야에서 능력을 인정받으며 살아가기를, 아주 행복한 가정을 이루며 그 사랑을 퍼트려 나가기를 소망한다.

엄마, 엄마. 우리 엄마!

성공이라는 것은 무엇을 의미할까.

돈을 많이 번 사람, 사회적 지위가 높은 사람, 명예를 떨친 사람. 모두가 성공의 예가 될 수 있겠다. 하지만 내가 생각하는 성공의 의미는 자신이 정한 목표를 달성한 사람, 자신이 이루고자한 꿈을 이룬 사람일 것이다. 그리고 그 꿈의 가치는 그 사람이 정하는 것이라고 생각한다. 어떤 꿈이 다른 어떤 꿈에 견주어 덜 귀하거나 하찮거나 그렇지 않다고 본다.

그런 의미에서 본다면, 나도 성공했다고 할 수 있지 않을까.

뇌성마비, 다섯 살까지 제대로 걷지도 못했고 사지가 따로따로 놀고 얼굴은 돌아가 있고…… 말도 제대로 할 수 없었던 나. 스스로의 힘으로는 일상적인 생활조차 수월하게 할 수 없었던 장애를 극복하고 이제 나 자신을 어디에나 당당히 내놓을 수 있으니 말이다. 내 꿈이었던 화가가 되었으니 말이다. 소망이었던 대학원에서 공부도 마쳤으니 말이다.

한 방송국에서 기획한 히말라야 트레킹에 시각장애인 언니와 참가한 것이 방송을 탄 후로 사람들의 관심을 받기도 했다.

그리고 엄마가 만들어주신 내 개인화실이었던 '작가의 집'이 이제 문화체험의 장소로 학생들의 현장학습 장소로 그리고 일반인들과 외국인들의 견학장소로 각광받고 있기도 하다.

여기저기 인터뷰요청이 들어왔고 방송 출연도 하였다.

사람들은 뇌성마비 4급 판정을 받은 나의 현재모습을 보고 신기하게 여겼고, 매일매일 천 배를 해 오고 있다는 사실을 알고 더욱 신기하게 여겼다.

그런데 내게 관심을 기울이는 사람들은 꼭 그 관심의 끝이 엄마에게로 다시 향한다.

지금의 내가 있기까지 엄마의 힘이나 도움이 절대적이었다는 사실을 다들 알아차린 모양이었다.

정말 그랬다.

나는 엄마가 없이는 존재하지 못했다. 지금 여기서 이런 모습으로 이런 글을 쓸 용기를 갖지 못했을 것이다. 대학원 논문 때문에 몇날 며칠을 밤잠을 설치는 일도 없었을 것이다.

이 생에서 살아갈 몸도 주셨지만 업을 바꿀 수 있도록 격려하고 지켜주고 혼내고, 그렇게 사랑해주신 분, 엄마는 나를 두 번 태어나게 해주신 것과 다름없다.

엄마가 우리를 키운 방식에 대해 대부분의 사람들은 엄마가 무척 강하다고 말한다. 심지어 모질다고 말한다. 그건 사실이다. 하지만 엄

4살 때 엄마의 품에서. 온전한 네 다리로 우뚝 서기까지 엄마는 내게 있어 장애를 극복해 가는 등불이었다.

마가 그렇게 나를 키워주지 않았다면 난 내 운명을 극복하지 못했을 것이라 확신한다.

우리 집의 교육방식은 독특하고 남다르다.

엄마가 아빠, 엄마 노릇을 다 해야 하는 까닭에 우리 자매의 일거수일투족을 하나하나 다 챙겨 준다는 것은 무리였다. 그래서 우린 어렸을 때부터 그날 일과를 비롯하여 우리 자신을 스스로 책임져야 한다. 도시락을 안 가져가면 도시락을 가져다 줄 사람도 없고, 비가 와도 우산을 가져다 줄 사람이 없었다.

그래서 우리는 비가 오겠다 싶으면 아예 우산도 미리미리 챙겼고, 준비물 등을 빠트리지 않게끔 항상 긴장한 채 챙겨야 될 것은 미리미리 메모를 하는 습관을 가지게 되었다.

만약 갑자기 비가 쏟아져도 우산을 가져오지 않았다면 우리는 비를 맞고 집으로 돌아와야 했다. 우리 엄마는 다른 엄마들처럼 우산을 가지고 학교로 달려오지 않기 때문이다. 하지만 우리는 그것을 당연하게 받아들였다. 자기 자신은 자기 자신이 책임져야 하기 때문이다. 심지어 도시락을 가져가지 못한 날에는 당연히 굶는 날이었다.

그런 것을 서운해 하기보다 스스로 당연한 결과라고 생각하는 생활이 몸에 배어가면서 우리는 우리에게 가장 알맞은 이상적인 책임감을 갖게 되었다.

엄마, 나, 경아, 우리 세 모녀는 각각 집안일이나 음식재료 사는 것까지 다 분담하고 일상을 잘 짜여진 시간표대로 움직였는데, 그래서 경제사정은 어려웠지만 각자 할 일을 하면서 열심히 잘 적응하고 있었다.

남들은 어린 애들이 시장을 보고 제 할 일을 다 하는 것을 보고 간혹 엄마가 모질다고 말하기도 했지만 엄마 생각은 달랐다.

"언제까지나 엄마가 해 줄 수 있다면 엄마 몸을 부수어서라도 너희들을 위해 무엇인가를 할 수 있어. 하지만 너희는 너희 스스로 살아가야 해. 엄마는 너희가 자신을 제대로 책임지고 제대로 살아갈 수 있도록 그 길을 가르쳐 줄 뿐이야."

나는 4살이 되었어도 걷지 못해 늘 엄마의 품에서 놀아야 했다. 그러나 난 지금 매일 천 배의 절 수련으로 희말라야 등정에 성공할 만큼 건강한 사지를 갖게 되었다.

솔직히 어렸을 땐 서운한 마음이 전혀 없지 않았다.

가방이 많이 무거운 날, 교문 앞까지 데려다 주는 친구 엄마의 손을 보면서, 몸이 아파 밥맛이 없을 거라고 점심시간에 맞춰 따뜻한 밥과 맛있는 반찬을 가져다주던 친구 엄마의 걱정스런 눈빛을 보면서, 갑자기 쏟아진 소나기 속에서 속속 엄마가 들고 있는 우산 속으로 들어가던 친구들의 뒷모습을 보면서 부러움이 김처럼 피어오르고 결국 서러운 마음이 들기도 했다.

그런 날은 엄마에게 어쩐지 툭툭, 미운 말투로 말을 하게 되었다. 그 속마음을 차마 입 밖으로 말하지는 못했지만.

게다가 가끔 우리끼리 절에 가라고 하시거나, 어린 우릴 두고 마음공부하신다고 참선방이 달린 절을 찾아 세 달 동안 집을 비울 때는 보고 싶은 마음이 지나서 서운하고 원망스럽기까지 했다. 물론 외할머니나 이모들이 우리를 봐주었지만 나와 경아에게는 엄마가 가장 필요했다.

안거에 들어가면 도중에 오실 수 없다는 것을 알면서도 할머니에게 아프다고 꾀병을 부리기도 했었다. 엄마가 달려와 줄 거란 기대를 억지로 하면서 말이다.

엄마가 몸과 마음의 수련을 위해 노력한 것이 본인만이 아니라 자식을 위한 것임을 이해하기에는 어렸던 나이였다.

하지만 엄마는 우리의 투정이나 반란(?)에 굴하지 않으시고, 아니 스스로 애잔해지려는 마음을 이겨내고 우리를 강하게 키우셨다. 모진 엄마라는 말도 마다하지 않은 까닭은 우리가 이 세상에 두 다리 튼튼히 버티고 살아갈 수 있게 하기 위해서였다.

엄마는 항상 말씀하셨다.

엄마는 도와 줄 수는 있지만 결국 세상을 치러내며 살아갈 사람은 우리 자신들이라고.

나와 경아는 엄마의 그 말을 충분히 이해했고, 따르려고 노력했다.

엄마는 평소에는 허물없는 친구처럼 온갖 얘기를 나누지만, 무서울 땐 정말 한 올의 여유도 없이 무서웠다. 그런 엄마의 엄격함이 결국 나와 경아를 좀더 성숙하고 강한 사람으로 성장케 한 힘 중의 하나라고 생각한다.

사실 사람은 누구나 살아가면서 이런저런 습관이 생기기 마련인

'작가의 집' 거실에서 엄마와 오붓하게 차 한잔을 나눠 마신다. 엄마의 단호하고 거침없는 자식을 향한 사랑방식은 오늘날 내가 장애를 극복하며 온전한 인격체로 살아가는 밑거름이 되었다.

데 나쁜 습관은 그 사람 인생 자체를 나쁜 방향으로 몰고 가는 원인이 될 수 있다.

어릴 때 경아에게 나쁜 습관이 하나 있었다. 한번 울기 시작하면 쉽게 그치지 않고 아주 뿌리를 뽑을 듯 오랫동안 울어대는 것이었다. 두 시간은 기본이고 그보다 더 오래 울 때도 있었다. 워낙 그렇게 울어대니 엄마는 경아가 울기 시작하면 그냥 울든 말든 무시 할 때가 많았다.

그러던 어느 날, 경아의 울음보가 터졌고 엄마의 반응이 평소와는 달랐다. 드디어 날을 잡은 모양이었다.

무슨 사연이었는지 기억나지는 않지만 경아가 역시 울기 시작했는데, 길게 잡으면 서너 시간을 각오해야 하기 때문에 엄마는 아예 경아가 스스로 울다 지칠 때까지 내버려두고 계속 집안일을 하였다. 경아가 시끄럽게 울어대는데도 마치 아무것도 들리지 않고 보이지 않는 듯 행동했다.

어느덧 경아의 목소리가 힘이 빠져서 소리가 작아졌다.

그래도 엄마는 울음을 달랠 생각도 않고 그냥 내버려두었다. 그러다가 거의 울음소리가 잦아들고 멈추기 시작하자 엄마는 감춰 논 회초리를 집어 들었다.

거의 울음을 그친 경아에게 다가간 엄마는 회초리로 경아를 사정없이 때리기 시작했다. 이유는 멈추지 말고 계속 울라는 것이었다.

놀라고 아파서 다시 울음을 터트린 경아는 곧 뭔가 심상치 않은 것을 느꼈는지 울음을 참고 그치려고 했지만, 그러면 매가 더 세게 내려쳐졌다. 울음을 그치면 엄마는 "계속 울어!"라며 때리고 경아는 또 울고…… 결국 목이 쉴 지경이 되었지만 엄마는 매를 멈추지 않고 계속 울라고 소리쳤다.

옆에서 보고 있던 나까지 새파랗게 기가 질렸다.

하지만 엄마는 좀처럼 멈출 기세가 아니었다. 단단히 마음을 먹은 모양이었다.

"그렇게 울고 싶으면 밤낮 가리지 말고 죽을 때까지 울어야지."

그날 아마 경아는 우는 것이 진저리가 쳐질 만큼 울었을 것이다. 나중에는 목이 완전히 쉬어 소리도 나오지 않았다. 그렇게 한번 호되게 엄마의 방식에 당한 경아는 그 이후론 결코 울지 않는다.

그 이후에도 물론 엄마에게 매를 맞은 적이 있는데 절대로 울지 않았다. 오죽했으면 오른쪽 발가락 발톱이 아파트 현관문에 끼어 피가 펑펑 나는데도 소리를 내지 않고 눈물만 흘렸을까.

엄마의 교육방식. 어떻게 보면 모질기도 하지만, 그 당시 우리의 정서나 환경과 미래에 대해 그렇게 단호하게 하지 않았으면 스스로를 지켜나가고, 함께 행복을 향해 전진하는 질서가 파괴되었을지 모른다.

엄마의 교육은 인생을 살아감에 있어 스스로를 책임질 줄 아는, 참된 행복의 밑거름이 되어준 것이다.

엄마는 정이 많으면서도 그것을 잘 표현하지 않는다.

엄마의 정은 뭐랄까, 깊다. 그리고 깔끔하다. 남에게 주어서 그 사람에게 오히려 마이너스가 되는 정은 주지 않는다. 또한 자신에게는 더욱 단호하고 관리를 잘하신다.

나는 엄마의 자식사랑법이 참으로 건강하고 올바른 것이었다고 말한다. 왜냐하면 그 증거가 바로 나니까 말이다.

한려수도/75×139/한지에 수묵/2002년 작

제3장 강물을 거슬러 오르는 연어처럼

내게 주어진 시간을 최대한 활용하면서
열심히 산 것은 '내 인생의 숨은 그림찾기'에서
언젠가 꿈을 이루고 싶었기 때문이다.
나는 사는 일이
숨은 그림을 하나씩 찾아 나가는 과정이며
이는 곧 꿈을 이루는 과정이라고 생각한다.
이제 나는 숨은 그림 중 몇 개 쯤을 찾은 것 같다.

세상과의 새로운 화해

"언니야, 미안해. 집이 좀 엉망일 거야. 회사일도 많고…… 에, 그리고 내가 또 한 인기하니까 만날 친구들도 많고. 헤헤."

수화기 저 편에서 경아는 예의 그 밝은 웃음을 웃고 있었다. 서울 올라가는 중인데 경아 전화를 받은 것이다.

진영에 작가의 집이 완성된 후로 나는 주말이면 아이들과 외국인의 문화체험을 위해 그곳에 머물다 올라오곤 한다. 요즘은 대학원 공부와 논문 때문에 과천에서 지내는 일이 많아졌다.

그 날도 일이 있어 서울로 올라가는 중이었는데, 경아가 집안을 치우지 않은 채 출근을 했는지 내게 전화를 걸어 미리 자수(?)를 하는 것이다.

"알았어. 괜찮아. 그리고 새삼스레 왜 그래? 언제 한경아가 뭐 깔끔하게 치우고 살았니?"

"음, 어째 말씀하시는 게 편안하게만 안 들리네."

"편안하게 들어.. 내가 너한테 밉보여봤자 뭐가 좋겠냐? 자다가 잠꼬대로 위장한 욕이나 들어야 할 텐데 뭐."

"언니!"

"농담이야, 농담. 저녁에 보자."

웃으며 전화를 끊고 창밖을 보니 투명한 햇살이 시골의 겨울을 감싸고 있었다. 차가워서 더욱 맑은 느낌이 드는 겨울공기. 거기에다 반짝이는 햇빛이 보태어지면 그곳이 어딘들 산뜻하고 새로운 기운을 느낄 수 있다.

봄이 우리를 설레게 하고 눈부시게 아름다운 까닭은 겨울이 있었기 때문일 것이다.

기차로 진영을 출발한지 6시간 만에 과천에 도착했다.

경아도 없는 집으로 들어서자 익숙한 냄새가 나를 반겼다.

아마 엄마와 나 그리고 경아, 우리 세 식구가 부비고 살았던 세월이 누적된 냄새일 것이다.

과천 집에서 살기 시작한 것은 내가 열여덟 살 때부터였다.

그곳에서 내 속에 확실한 가치관의 뿌리를 내리고, 살아가는 일에 대해 실질적으로 생각하고 고민하고, 또한 새로운 운명을 만들어나간 곳이라 그런지, 가장 오래 산 곳이라 그런지 내게는 특별한 느낌으로 다가오는 집이다.

과천에 둥지를 틀게 된 것은 엄마의 자식사랑 때문이었다.

이 세상에서 모성만큼 깊고 진실한 게 있을까 싶다. 아무리 가족문화의 패러다임이 바뀐다 할지라도 이 명제만큼은 언제나 지지를 받을 것이다.

우리를 위해 기꺼이 '맹모'가 되기로 한 엄마.

창원에서 살던 우리 세 모녀는 경아와 내가 초등학교 4학년이 되던 해 마산으로 이사를 했다. 엄마 입장에서 보면 출퇴근하는 게 힘든 거리인데도 굳이 마산으로 옮긴 까닭은 창원보다는 마산이 우리 교육에 좋다고 생각하셨기 때문이었다.

맹모삼천지교라고 했던가. 엄마는 마산에서 만족하지 않았다. 우리가 중학생이 되던 해에는 기필코 서울까지 진출(?)을 하였다. 마산에서 우리가 이미 중학교 배정을 받았는데도 엄마는 당신의 계획대로 우리를 서울에 있는 중학교에 다닐 수 있게 서둘러 이사를 하였다.

"아무리 생각해도 '사람은 나면 서울로 보내고 말은 제주도로 보내라는 말'이 맞는 것 같더라."

엄마는 우리 자매를 누구에게도 뒤지지 않을 만큼 가르치고 싶으셨다고 했다.

그래서 우리는 서울 창동에 있는 작은 아파트로 이사를 했다. 그동안 회사는 아주 많이 성장했고, 회사의 서울 지역 일을 맡기로 하고 엄마가 과감한 결단을 내리신 거였다.

경아와 내가 다니게 된 학교는 명동에 있는 숭의여중이었다.

우린 학교에 가기 위해 창동역에서 명동역까지 전철을 타고 다녔다.

지방에서 살다가 서울에 오니 솔직히 볼 것도 많고 문화적 경험도 훨씬 많이 할 수 있어 좋았다. 하지만 그것을 고스란히 누리고 즐기기엔 내가 가진 장애가 언제나 문제였다.

처음 얼마간은 새로운 구경을 하느라 정신을 빼놓고 다녔지만 장애인이 전철을 타고 학교를 다니는 일이 쉬운 일이 아니었다. 지금도 크게 달라진 건 없지만 그때는 장애인을 위한 사회시설과 인식이 더 심하게 부족했다.

계단을 오르내릴 때 힘들고 시간이 많이 걸리는 것은 그나마 참을 만했다. 출근하는 사람들과 등교하는 학생들로 붐비는 지하철역에서 나라는 존재가 다른 사람들에게 거치적거린다는 사실이 무엇보다 싫었다. 어떤 남학생들은 대놓고 "에이 씨!"라고 큰 소리로 불평을 터트리고는 나를 비켜 뛰어 내려가거나 뛰어 올라갔다. 학교에 늦을까봐 뛰고 있는데 빨리 걷지 못하는 장애인이 앞에서 얼쩡거리니 짜증스러웠던 모양이다.

창원이나 마산보다 사람들이 많아서였을까.

아니면 사춘기에 접어든 내가 그들의 시선을 느끼기 시작했기 때문일까. 사람들이 힐끗힐끗 쳐다보는 것도 새삼 불편하게 여겨졌다.

하지만 그렇다고 해서 달리 뾰족한 수가 있는 것은 아니었다. 나는 마음속으로 불경을 외거나 좋아하는 책 구절을 암송하거나 하면서 묵묵히 내 팔 다리를 움직일 뿐이었다. 하지만 내 존재가 다른 사람들에게 불편하고 귀찮은 존재라는 느낌은 종종 나를 표현할 수 없는 슬픔에 빠트렸다.

그럴 때면 뒤에서 오던 사람을 태우고 막 내 눈앞에서 사라지는 전철을 보는 순간, 내 눈시울이 붉어지는 것이 느껴졌다.

그 당시에는 그런 느낌을 소외감이나 아웃사이더라는 단어로 표현하지 못했고 그저 서글픈 기분이었다. 하지만 내면의 소용돌이와는 다르게 겉으로는 태연한 표정으로 벽 한쪽에 붙어 서서 아주 천천히 걷거나 난간을 잡고 힘들게 오르내리며 조금이라도 빨리 나만의 공간으로 가기를 애쓸 뿐이었다.

시간이 흐를수록 나는 힘이 들었다. 육체적으로가 아니라 정신적으로 힘이 들었다. 내가 장애인이라는 사실이 점점 싫었고 사람들 시선이 점점 견디기 힘들어졌다.

게다가 그때쯤에는 내 동생 경아에게도 미안했다. 아무리 경아가 잡아 주고 끌어주어도 난 빨리 움직일 수가 없었고 동생까지 나 때문에 길거리나 차 안에서 사람들에게 귀찮은 존재가 되고, 학교에서도 자유롭지 못하다는 사실이 점점 내게 부담으로 다가왔다.

중학교 1학년 때는 경아와 같은 반이었지만 2학년 때부터는 다른 반이었고 초등학교 때처럼 경아가 내내 나의 보호자 역할을 해줄 수가 없었다. 경아도 경아의 삶이 있었으니까. 아니, 내가 이제 경아를 자꾸 내게서 밀어냈다. 그것이 경아를 위한 일 같았다. 그러면서 나 혼자 속으로 참 많이 울었다.

중학생이 된 후, 등하고 길은 내겐 그동안과는 좀 다른 생각을 하고 현실을 자각하는 시간이자 공간이었다. 학교에 갈 때는 그래도 경아와 거의 함께 갔지만 돌아올 때는 혼자 오는 때가 많았는데 그 시간이 내겐 나의 현실을 정확하게 보게 하는 시간이었던 것이다.

학교에서의 생활은 초등학교 때처럼 크게 어려운 점이 없었다. 오히려 친구들은 초등학교 때보다 더 내게 친절했다. 놀리거나 따돌림은 없었고 오히려 나를 도와주려는 친구들이 더 많았다.

그런데 친구들과 내가 쌍방적인 관계를 맺을 수 없다는 사실이 나를 또 슬프게 했다. 친구들은 나를 도와주고 싶어 했지만, 나와 사귀고 깊이 친해지고 싶어 하는 것은 아니었다. 그러한 사실을 알아차린 나의 아픔도 초등학교 때와는 달랐다.

경아는 세상의 나이를 먹을수록 나와의 공통분모보다 경아만의 세계를 가지기 시작했고 친구들도 생겨났다. 당연한 일이었다. 청소년 시기 땐 그 무엇보다 친구가 가장 중요한 자리를 차지하는 시기였으니까. 나도 그러고 싶었으니까.

물론 친구들이 나와 가까워지는 것을 의도적으로 피했던 것은 아니다. 내 몸이 그렇다 보니 어쩔 수 없이 자꾸 제외되는 것이었다. 결국 친구들은 내가 자신들과는 저만치 떨어져 있는 것을 당연하게 여기게 되었다.

나 역시 마음속으로야 그러한 상황이 안타깝고 슬퍼도 티를 내지는 않았다. 티를 낸다고 달라질 것은 없었으니까.

그래서 친구들과 세상으로 향하는 시선을 자꾸 내 안으로 돌렸다. 내 처지가 속상할 때일수록 더욱 절에 매달렸다. 그리고 그때까지는 조금 벅찼던 공부를 따라잡기 위해 책과 씨름을 했다.

선생님의 수업 내용을 이해한다고 하더라도 그것을 표현하는 것이, 시간과 방법이 다른 아이들과는 다르기 때문에 몇 배 노력하지 않으면 안 되었다.

경아가 수업 외 학교 활동으로, 혹은 친구와의 만남으로 저만의 시간을 갖게 되는 일이 많아지고 나는 나 혼자만의 세계에 빠져들었다. 그러한 방법이 지나놓고 보니 바람직한 방법이 아니었는데 그 당시로서는 어쩔 수 없었다.

친구들 속에, 나와 다른 사람들이 훨씬 더 많은 세상 속에 있으면 있을수록 상처만 날 뿐이어서 나는 마치 생존본능처럼 나만의 세계를 만들어갔다. 그것이 그 당시에는 효과적이었다. 좌절감이나 소외감으로 아예 삶에 대한 의지를 잃어버리는 일은 없었으니까.

당연히 '단짝친구'라는 개념이 내겐 없었고 그저 학교에서 지내는 동안 반 친구들과 필요한 대화를 나누는 정도였다. 그렇게 또래친구들을 갖지 못하는 대신 내겐 특별한 벗이 있어 외로움과 좌절을 이겨내는 데 도움을 준 것 같다. 그것은 바로 독서와 그림이었다.

친구들과 떠들고 웃는 시간에 나는 책을 읽고 그림을 그렸다. 그것이 나의 친구들이었고 나의 마음을 다독여 바른 생각을 갖게 하는 길이었다.

그 시절에 읽은 책 중에 내게 가장 많은 영향을 미친 책이 '상록수'와 '데미안'이다. 상록수를 읽으며 삶에 대한 의지를, 데미안을 읽으며 새로 태어나기 위해선 알을 깨고 나와야 하는 진정한 용기를 내 속에 쌓아가기 시작했다.

또한 초등학교 4학년 때부터 시작하게 된 묵화는 더 없이 좋은 친구가 되어주었고, 결국 나의 삶의 큰 줄기로 자리 잡게 되었다. 동양화가로 다시 서게 했으니 말이다.

처음에는 붓을 잡고 간단한 선이나 도형을 그리는 것조차 힘겨웠지만 절하는 것 못지않게 그리고 또 그리며 매달렸더니 선이 살아나기 시작하였고 그 선들은 다시 나를 살려내기 시작하였다. 나는 점차 그림에 빠져들어 새로운 삶을 맛보게 되었다.

하얀 도화지 위에 검은 먹으로 그림을 그리고 있으면 마음이 안정되고 내 속에서 끓고 있는 무엇인가가 빠져나와 제 나름대로 새로운 생명으로 자리 잡는 것이 느껴졌다.

그렇게 초등학교 때와는 조금 다른 느낌의 중학시절이 흘러가면서 나는 때로는 좌절하고 때로는 성숙해가고 있었다.

외톨이라는 슬픔을 혼자만의 세계에서 치유해나가던 나는 오히려 그 치유를 통해 역설적으로 세상을 바라볼 수 있는 창을 만들어 나갔다.

그 창틀에 턱을 괴고 앉아 친구들이나 세상을 보면서 언젠가는 나도 그 속에 속할 수 있으리라는 소망을 키우며, 동시에 스스로에 대해 나름대로 정리된 고집을 가지게 된 것 같다.

고집이라고 표현하지만 사실 그것은 나에 대한 애정이었다. 장애를 가지고 있는 내 몸을 부끄러워하거나 원망하지 않기로, 사람들마다 다른 얼굴 모습처럼 그저 생김새가 다를 뿐이라고 생각하고 사랑하기로, 그리하여 자존감을 가지자고, 나는 나 자신에게 말하고 또 말하였다.

다른 사람들로부터 소외당하지 않으려면 나 먼저 나 자신을 사회와 현실에서 소외시키지 말아야겠다고 생각한 것이다. 나는 조금씩 마음을 여는 연습을 했고 사회 속에서 살아가는 방법을 배우기 시작했다.

친구들에게 먼저 인사를 건네기도 하고 함께 하지 못하는 일들이 많아도 울적해하지 않았다. 1학년 때는 체육시간에 따로 스탠드에 앉아 있거나 교실에 있은 적도 많았지만 2학년부터는 꼬박꼬박 수업에 참여했고 내용도 따라갔다. 체력장 연습도 열심히 했다.

"경혜야. 2~3개 종목만 해도 된다. 힘들면 무리하지마."

체육선생님이 몇 번이나 말씀하셨지만 난 다 하겠다고 고집을 피웠다.

오래달리기는 차라리 체력이 관건이라서 크게 힘들지 않았다. 처음에야 꼴찌로 달렸지만 끝까지 같은 속도로 유지하며 8바퀴를 상위 그룹 안에 속한 채 완주할 수 있었다. 절 수행을 통해 다져진 체력이 빛을 발하는 순간이었다.

나를 애먹인 것은 제자리멀리뛰기와 던지기 그리고 오래 매달리기였다. 내 딴에는 힘껏 뛴다고 뛰어도 도무지 멀리 뛰어지지가 않았다. 그리고 던지기도 마찬가지였다. 팔의 각도가 제대로 나오지 않는 나로서는 특히 힘든 종목이 아닐 수 없었다. 내가 생각한 방향과 다른 곳으로 날아갈 때 그만 하라는 신경질적인 내안의 목소리가 들리기도 했지만 이를 앙다물고 듣지 않았다. 그런 정도로 약해지면 안 될 것 같았다.

오래 매달리기의 경우에는 팔 힘이 없어서가 아니라 제대로 철봉을 쥘 수가 없어서 잘 할 수가 없었다. 손아귀가 세게 쥐어지지 않는 것이다. 그래도 내안의 힘이라는 힘은 다 끌어올려 매달려 있으면 "힘내라, 힘!" "한경혜, 파이팅!"이라고 외치는 친구들의 목소리가 들렸다.

체력장 연습이 내게 준 것은 체력향상이 아니라 친구들에게 다가갈 수 있는 용기였고, 친구들과의 거리가 좁아졌다는 기분 좋은 인식이었다.

사실 친구들 중에도 체력이 약하거나 심각한 몸치라서 도저히 기록이 안 나오는 친구들도 있었지만, 특히 내 경우에는 선생님은 물론이고 친구들까지 다들 격려를 해주었다.

처음에는 그런 분위기가 부끄럽고 자존심 상하기도 했지만 곧 긍정적으로 받아들였다. 내가 생각하는 만큼 세상이 차갑지 않다는 것과, 손을 내밀어 도움을 청해야 할 때는 자신 있게 청할 수 있는 사람이 되는 것도 필요한 일이라는 것을 깨닫게 된 것이다.

심사하시는 선생님들의 호의에 덕을 많이 본 셈이지만 결국 나는 체력장 당일 날, 20점 만점을 받았다. 오래달리기에선 5위로 결승선에 들어오기도 했다. 장애인이기 때문에 참여하지 않아도 점수를 받을 수 있지만 당당하게 치르고 싶었고 결과는 좋았다.

내가 만점을 받자 모두 내게 박수를 쳐주었고, 순간 나도 모르게 눈물이 핑 돌았다.

20점 만점을 받아서가 아니었다.

나의 노력을 친구들과 선생님들이 격려해 준다는 사실이, 함께 살고 있는 이웃들이 따뜻한 시선으로 나를 보고 있다는 느낌이 날 감격시켰기 때문이었다. "그냥 안 해도 된다면 하지 말지…… 보기 힘들게 그리 유별을 떠니? 악착스럽기도 하다." 이런 말 대신 "와, 한경혜. 너 멋지다!"라는 말을 해주는 친구들의 격려의 박수 때문이었다.

그렇게 나는 조금씩 세상과 화해하는 방법을 알아가고 있었다. 절을 통해 내 몸과는 진작 화해하고 있었지만 세상과는 힘들었는데 한 걸음씩 한 걸음씩 세상 속으로 발을 내딛고 있었다.

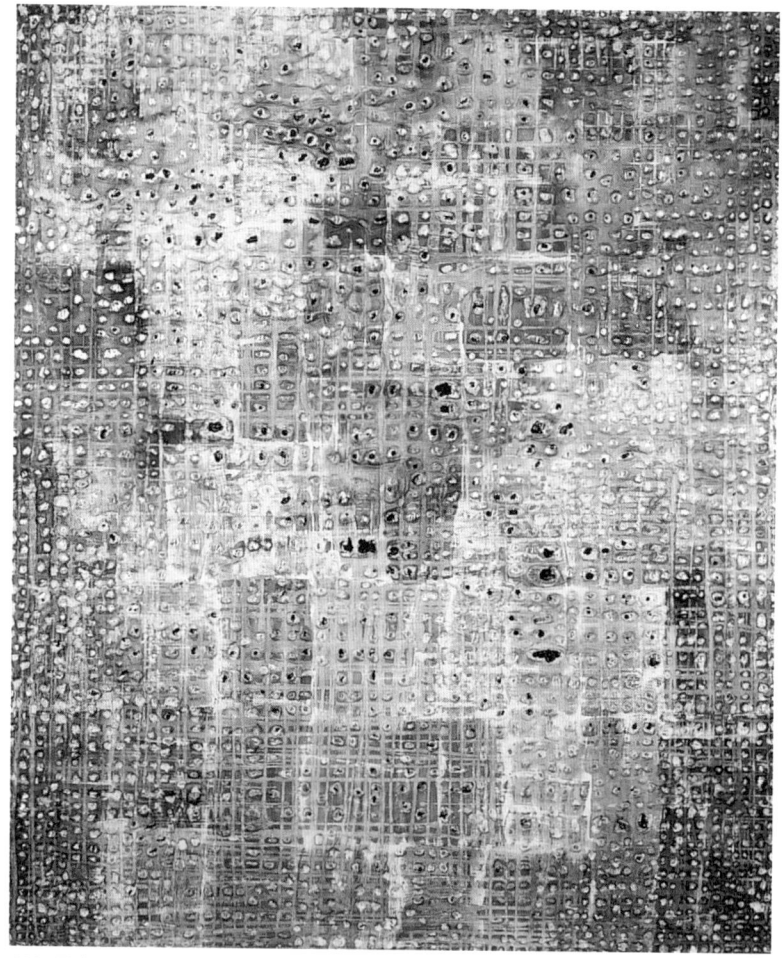

2000 물빛／162×130／장지에 혼합재료／2000년 작

내가 택한 길

다섯 살까지 제대로 걷지 못하는 언니를 업어준 한 살 아래 동생, 언니의 도우미가 되어주기 위해 한 살 빨리 초등학교에 입학한 동생, 초등학교 내내 언니 그림자가 되어 도와줘야 했던 동생, 중학생이 되어서는 사정이 조금 달라졌지만 그래도 언니 때문에 늘 마음 한 구석이 편치 않았을 동생.

그런 동생에게 그 언니는 진심으로 언니다운 언니가 되고 싶었다.

일곱 살에 시작하여 하루도 빠지지 않고 하루에 천 배씩 절을 하는 언니를 보고 혀를 내두르면서 "인간이 아냐. 공부가 싫지만 난 차라리 공부를 할래!" 하며 놀려대던 동생은 가랑비에 옷 젖듯이 어느새 몸이 바르게 되고 좋아지는 언니를 보고 진심으로 기뻐하였으며, 그렇게 싫다던 천 배를 같이 하며 언니의 몸이 더 나아지기를 빌어주었다.

그런 동생에게 언니는 늘 미안했다.

보통의 자매처럼 언니로서 동생을 보살펴주고 무언가를 해주고 싶었지만 그럴 수가 없어서 내내 마음이 무거웠던 언니.

그랬다.

나는 늘 경아가 고맙고 미안했다. 그래서 하루빨리 언니다운 언니가 되고 싶었다.

좀 더 좋은 환경에서 교육을 받게 하려고 서울까지 이사를 오긴 했지만 엄마는 여전히 나의 미래에 대한 걱정을 줄일 수가 없었다. 겉으로 내색을 하지는 않으셨지만 내가 앞으로 무엇을 하며 어떻게 살아갈 수 있을지 걱정하셨다. 엄마가 언제까지 함께 있을 수 없기 때문이었다.

그런 걱정이 떠나지 않았지만 우선은 내가 아프지 않고 몸이 조금씩 좋아지는 것으로 위로하고 희망을 가지는 것으로 만족해야 했다.

그런데 우리가 지치거나 힘들어 눈치 채지 못하는 동안 희망의 싹은 쉬지 않고 조금씩 자라고 있었다.

서울로 이사를 와서도, 내가 중학생이 되어서도, 변하지 않는 게 있다면 그건 매일 하는 천 배를 그만 두지 않았다는 것이다. 이제 절은 누가 시켜서 하는 게 아니었다. 밤이 지나면 아침이 오듯 내가 하루를 여는 의식이었다.

그 의식이 기적을 일으킨 것일까.

중학교 2학년쯤이 되자 또 다른 변화가 보이기 시작했다.

학교성적이 오르기 시작한 것이다.

성적이 오르기 시작하자 엄마는 감정표현을 안하는 평소와는 달리 충분히 기뻐하셨고 칭찬을 해주셨다. 나 역시 새로운 기쁨이었다.

처음에는 나 자신조차 성적을 믿을 수가 없었고 흔한 말로 '찍기'를 잘 했나 싶기도 했다. 하지만 아니었다. 지능이 좋아지고 이해력도 따라 높아져 학습능력이 향상되는 중이었다.

그랬다. 그것은 절의 충분한 효과였다.

피가 산소 공급을 하기 때문에 온 몸을 잘 돌아 뇌에도 산소 공급이 원활해지면서 지능이 좋아진 것이다. 솔직히 나는 내가 죽을 때까지 공부도 못할 줄 알았다. 그저 살아가는데 필요한 기본적인 지식 정도만 습득할 수 있을 줄 알았다. 아무리 해도 시험을 잘 볼 수가 없었기 때문이다. 학교에서 수업을 들어도 선생님 말씀을 솔직히 다 따라갈 수 없었을 뿐 아니라 혼자 아무리 공부를 해도 돌아서면 잊어버리니 속상했다. 게다가 매일 천 배를 해야 하니 시간도 부족했다.

하지만 중 2때부터 현저하게 나아진 몸 상태 못지않게 지능도 좋아지더니 중3이 될 무렵에는 반에서 상위 정도의 성적을 냈다.

심리적으로 좌절과 용기를 되풀이하기는 했지만, 몸과 함께 지능까지 좋아지니 현실적이고 구체적인 희망을 가지게 되었고 자신감도 생겼다.

그러한 자신감으로 나는 드디어 내 인생을 내 손으로 재단해 나가기 시작했다.

나 스스로 내 인생을 결정한 첫 번째 일이 바로 고교 진학 포기였다.

중학교 3학년 때 연합고사를 치고 고등학교를 배정받았는데 예상한 대로 경아와 같은 고등학교였다. 그런데 나는 그 학교에 가지 않았다. 그 학교만이 아니라 고등학교 진학 자체를 하지 않았다.

나 나름대로 생각하고 깊이 숙고하여 내린 결정이었다.

출발부터 달랐던 내가 계속 똑같은 속도로 똑같은 과정을 거쳐 간다면 또래들을 따라잡을 수 없을 것 같았다.

그리고 또 하나의 큰 이유가 있었다.

그건 바로 언니다운 언니가 되고 싶었다는 것이다.

내가 만약 고등학교 진학을 하면 어쩔 수 없이 또 경아의 신세를 지게 될 게 뻔했다. 그 정도가 다소 약해지더라도 말이다. 각자의 인생에 있어 더없이 중요한 그 시점에 언니로서 동생에게 도움을 주지는 못할망정 방해가 되거나 도움을 받고 싶지는 않았다.

결심을 굳힌 나는 졸업식을 한 직후 곧장 검정고시 학원에 등록했다.

내가 고등학교를 가지 않고 검정고시를 쳐서 대입 자격을 따겠다고 하자 엄마는 처음에는 다소 놀라셨지만 곧 내 의견을 존중해 주시고 격려해주셨다. 그 과정에서 여지없이 엄마의 평소의 양육관이 적용되었고 나로선 엄마와 실랑이해야 하는 과정을 생략할 수 있어 좋았다. 다른 엄마들 같았으면 걱정되고 불확실해서 어떻게든 고등학교 진학 쪽으로 몰고 갔을 테니 말이다.

2월부터 나는 검정고시 학원에 다니기 시작했다. 경아는 용화여고로, 나는 검정고시 학원으로, 드디어 우리 자매의 목적지가 달라졌다.

내가 한 첫 선택이자 결심이어서 이를 악물고 공부를 했다. 자는 시간도 줄이고 절도 더 집중해서 하니 공부할 시간이 늘어났다. 게다가 그동안 막혔던 봇물이 터지듯 집중력과 이해력이 놀라운 속도로 발달하여 공부 시작한 지 2개월 만인 4월 달에 치러진 대입검정고시에 응시할 수 있었고, 전 과목을 합격했다.

솔직히 말하면 나 자신도 놀라운 결과였고, 엄마는 자랑스럽다며 한참이나 내 등을 두드려 주셨다.

그리하여 정식으로 고등학교에 다녔으면 고등학교 1학년 1학기 때쯤, 나는 이미 대학 진학 자격을 갖추게 된 것이다. 기뻤다. 나 스스로 목표로 한 무엇인가를 이루어냈다는 성취감과 나도 할 수 있다는 자신감이 나를 가득 채웠다.

또한 경아한테 보통의 자매처럼 언니의 품위를 비로소 유지할 수 있게 된 듯 하여 기뻤다.

그때부터 나는 미술학원에 등록하여 그림 공부를 정식으로 하게 되었다.

초등학교 때 우연히 시작한 그림도 천 배처럼 내 생활에서 빠지지 않는 일과가 되었으며, 세월이라는 양분을 흡수하고는 어느 새 '화가'가 되고 싶다는 꿈으로 자라있었다. 하지만 그때까지는 시간이 없어서 미술학원을 다닐 수가 없었는데 드디어 꿈에도 그리던 미술입시학원에 다니게 된 것이다.

엄마는 학원도 쉽게 고르지 않았다. 미술대학이라면 으뜸으로 꼽히는 홍익대학교 가까이에 있는 미술학원들을 직접 찾아다녀보신 후 한 학원에 등록시켜 주셨다.

또래들이 학교에서 공부를 할 때 나는 혼자 책을 읽고 미술학원을 다니며 대입을 준비했다. 낮 시간 대부분을 그림을 그리면서 지냈다. 그 전까지만 해도 나 스스로도 그림을 그릴 때의 느낌을 제대로 몰랐던 것 같았다. 전혀 새로운 기분이었다. 내 속에 있던 또 다른 내가 때를 만나듯 마음껏 자기존재를 드러내는 듯했다.

그림을 그리는 동안에는 나는 장애인이 아니라 세상과 그림으로 대화를 하는 미술학도일 뿐이었다.

어찌나 학원에 열심히 나갔는지, 어찌나 그림 그리는 것에 매달렸는지 학원 원장님이 "경혜야, 넌 명절도 없니? 좀 쉬어라."라고 농담조로 말한 적도 있었다. 추석 때도 화실에 나가 그림을 그렸던 나였다.

당연히 대학 진학은 미대가 목표였다. 그런데 세 번이나 미대 진학에 실패하고 말았다. 내 실력이나 준비가 부족한 점도 없지 않겠지만, 결정적인 이유는 나의 장애 때문이었다.

실기 시험에서 정상인들보다 불리할 수밖에 없었다. 난 동양화과를 지원했기 때문에 실기시험으로 동양화와 석고 데생을 해야 하는데 동양화는 그런대로 그릴 수 있었지만 문제는 석고 데생이었다. 석고 데생의 경우 시간이 절대 부족했던 것이다. 팔에 힘이 없어서 다른 사람들과 같은 시간 안에 제대로 그릴 수가 없었다. 그래서 끝맺음이 항상 만족스럽지 못했다.

시간만 좀 넉넉했더라면 충분히 그릴 수 있었을 거라는 아쉬움으로 내내 입술만 깨물었던 기억이 난다.

그런데 사실 실기시험보다 더 극복하기 어려운 벽은 바로 면접이었다.

"면접 잘 봤어?"

면접이 끝난 후 기다리고 있던 엄마가 물으면 난 작은 소리로 대답하곤 했다.

"교수님들이 한 번 더 보겠다고 남으라고 하셔."

대답을 들은 엄마의 얼굴빛이 대번에 어두워졌다. 그때까지의 경험으로 보면 다시 남으라고 하면 또 불합격일 확률이 높기 때문이었다. 다른 수험생과 달리 뇌성마비 몸인 나는 교수님들이 쉽게 결정을 내릴 수 없는 케이스였던 모양이었다.

그래서 내겐 실기 시험보다 걱정되는 것이 항상 면접이었다.

나는 결국 내 꿈과는 거리가 먼, 면접 없이 성적으로만 합격을 가리는 경영학이라는 전공을 택해 진학을 했다. 미술 공부를 체계적으로 하고 싶었고 실력을 향상시키고 싶었는데 미대 진학이 거부당하자 내 꿈이 좌절되는 기분이었다. 하지만 새삼스레 가슴을 치며 억울해 하지는 않았다.

이미 장애인에 대한 긴 역사의 은근한 차별은 겪을 만큼 겪었고 그때마다 일일이 대응하다가는 지치고 말 것이기 때문에 감정으로 받아들이지 않기로 했던 것이다.

미대 대신 경영학과를 선택한 것은 인생도 경영이라는 생각에서였다.

경영학과 공부도 재미있었지만 미술공부에 대한 열망이 워낙 큰 탓에 학교를 다녀도 항상 마음 한 구석이 허전했었다.

그렇지만 학교 공부를 소홀히 한 것은 아니었다. 난 어떤 일이든 주어진 일에는 성심껏 부딪쳐 봐야 한다고 생각한다. 끝을 보아야 후회가 남지 않기 때문이다. 그런 기질 덕분에 장학금을 받기도 했다.

대학을 다니면서는 내가 장애인이라서 느껴야 하는 소외감이나 불편함은 그다지 없었다. 교통시설이나 학교 시설은 크게 나아진 것 없이 여전히 불편했지만 이미 그러한 불편에 익숙해져서 인지 새삼 속상하지는 않았다. 서글픈 현실이지만 말이다. 그러나 초등학교 때나 중학교 때와는 달리 학우들은 진심으로 나를 자연스럽게 대해 주었다.

청소년 시절에는 솔직히 내 안의 새장에 갇혀 산 시간들이었다. 그 나이 때 누릴 수 있는 것을 누리기보다는 나 스스로 무엇인가를 할 수 있는 사람이 되기 위해 노력만 하는 시간이었다.

사람들로부터 외면당하는 게 두려워서 아예 내 쪽에서 마음의 문을 꼭꼭 닫고 지냈던 그 때와는 달리 대학시절은 훨씬 오픈 된 생활이었다.

새로웠고 그리고 즐거웠다.

2년 동안의 이런저런 수업 중에 가장 기억에 남는 시간은 행복에 대한 토론을 하던 때였다. 그때 내가 사회를 보았는데 여러 가지 행복론이 쏟아졌다. 돈과 명예가 자본이 되어야 행복이 가능하다는 현실론적인 말도 있었다. 어떤 상황이든지 자신의 만족이 가장 중요하다는 말도 있었다.

난 그 때 이런 말을 했던 것 같다.

'우리 모두는 이미 행복하다고.'

그 말은 내가 절을 하며 깨닫게 된, 그래서 세상을 향해 자신 있게 던질 수 있는 내 삶의 한 모습이었다.

그렇게 나는 빛나는 나의 시간을 스스로의 힘으로 빚어내고 있었다.

새벽 환상 III / 162×130 / 화선지에 수묵채색 / 1996년 작

새로운 운명을 위한 준비

"아직도 경혜는 맥주를 머리로 마시니?"

학교 동기 중 한 명이 나를 보고 묻자 함께 자리한 다른 메이트 한 사람이 소리 내어 웃었다. 모두 대학원에서 함께 공부하고 있는 사람들이다.

"에고, 아니에요."

나는 조금은 쑥스러운 생각이 들어 손을 내저으며 말했다.

"그럼 우리 사실 확인을 위해 오랜만에 맥주 한 잔 어때?"

졸업전 때문에 만나 이런 저런 얘기를 나누던 끝에 우리는 그 분의 제안에 따라 가까운 생맥주집으로 향했다.

맥주를 머리로 마신다니……

나는 혼자 씩, 웃을 수밖에 없었다.

그 때가 2002년도 겨울이었다. '한국미학' 과목 종강 파티가 강남의 한 근사한 퓨전레스토랑에서 치러졌는데 화기애애한 시간이 흘러

저녁 식사도 끝나자 본격적인 여흥(?)시간이 되었고, 곧 '맥주 빨리 마시기 대회'가 펼쳐졌다.

그러나 모두들 배가 불러서인지, 아님 여자는 승산이 없다고 판단해서인지 참가하려는 의사들을 내비치지 않았다. 그때 교수님께서 지목하여 시각디자인과의 한 여학생이 나왔고 이어서 나보고 자꾸 나가라는 것이었다. 생각도 못한 일이었지만 모두들 등을 떠미는 바람에 결국 나도 참가하게 되었다. 그리고 건장한 남자 세 명이 앞으로 나섰다.

참가한 수는 전부 다섯 명이었는데 각자 간단한 자기소개를 했다.

자기소개가 끝나자 사회자가 규칙을 설명하고 있었다. 먼저 맥주를 빨리 마신 사람은 다 마셨다는 걸 증명하기 위해 컵을 머리에 털면서 레스토랑의 이름을 외치면 된다고 했다. 꼭 레스토랑 이름을 외쳐야만 게임이 끝나며 또 상품을 준다며… 그게 자신이 없으면 처음부터 맥주를 머리에 부어도 인정한다고 했다. 1,2등 까지만 상품을 준다고 했고 단 한번 만에 잔을 비워야 한다고 말한 뒤 바로 시작을 외쳤다.

테이블에는 1000cc 맥주잔이 놓여졌다. 시작이라는 말과 함께 모두 잔을 들어 입에 갖다대었다. 하지만 그 순간, 나는 어찌해야할 줄을 몰랐다. 그저 나도 한번 마셔보려 했지만 배가 불러서 도저히 엄두가 나질 않았다. 그렇지만 한순간 장난기가 발동한 나는 발칙한 생각이 떠올랐다. 나는 순간 맥주잔을 높이 들어 머리 위에서부터 부어버렸다. 모두들 갑작스런 광경에 잠시 동안 멍하니 있다가 곧 시끄럽게 박수를 쳐댔다.

잔을 가장 빨리 비웠기 때문에 당연히 나는 1등을 했다. 그 대가로 나는 물에 빠진 생쥐 꼴이 되어야 했다. 그나마 모자를 쓰고 있어 다행이었다. 그때 1등 상품으로 받은 3만원 짜리 상품권은 우리 과 회식비로 기분 좋게 기부했다. 아무튼 그 일로 나는 학교에서 명물(?)이 되어 유명세를 타기도 했다.

그때 일은 내가 생각해도 신기하다. 맥주를 머리에 부어서가 아니라 사람들 앞에서 그런 행동을 했다는 사실이 신기하다. 그만큼 사람들 속에 확실히 섞여서 살아갈 수 있는 내 자신이 신기하고 자랑스럽고 사랑스러웠다. 나 스스로 내 몸을 불쌍히 여기면서 마음의 문을 닫고 세상에서 떨어져 나간 섬처럼 살았다면 내가 누리지 못했을 많은 행복들을 생각하니 지금의 나의 있는 그대로의 모습이 너무도 소중하고 고마웠다.

이렇게 되기까지 눈물겨운 노력을 끊임없이 했고 그리고 늘 준비를 해왔다.

물론 대부분의 사람들이 자신의 삶과 미래를 위해 준비하고 매 순간 노력하며 살아 갈 것이다. 나 역시 제대로 살기 위해 '준비'를 해야 했다. 살아가기 수월하지 않은 신체적 조건 때문에 더욱 더 철저한 준비를 했다.

길게 보면 죽음의 벼랑 끝에서 다시 살아보겠다고 '절'을 시작하던 때부터겠지만 구체적이고 현실적인 삶의 준비가 시작된 것은 사춘기를 거치며 검정고시 학원에 다니기 시작할 때부터였다. 그리고 화가가 되기 위해 열심히 그림을 그리고, 대학에 들어가 이런저런 공부를 하면서부터 내가 무엇을 하며 어떻게 살아갈 것인가에 대한 고민을 훨씬 구체적으로 하게 되었다.

내가 내게 주어진 시간을 최대한 활용하면서 열심히 산 것은 '내 인생의 숨은 그림 찾기'에서 언젠가 꿈을 이루고 싶었기 때문이었다. 나는 사는 일이 '숨은 그림 찾기'라고 생각한다. 숨은 그림을 하나씩 찾아나가는 과정이 곧 꿈을 이루는 과정이라고 생각한다.

그리고 이제 나는 숨은 그림 중 몇 개쯤을 찾은 것 같다.

요즘 가끔 엄마는 나를 빤히 보시다가 이런 말을 하시곤 한다.

"이제 눈을 감아도 되겠다."

무슨 소리냐고 펄쩍 뛰지만 엄마 마음을 충분히 알기에 어쩔 수 없이 내 목소리는 물기가 많아지곤 한다.

"집안 청소라도 할 수 있을까 싶었다. 그래서 청소 한 가지라도 잘할 수 있게 가르치려고 마음먹었어. 네가 아무리 노력해도 세상 사람들과 비슷하게 살 수 없다면, 어떤 경제활동도 할 수 없을 만큼 바보로 머물러 있게 된다면 말이다. 왜냐면 나중에 엄마가 없어지고 경아한테 얹혀산다 해도 청소라도 제대로 할 줄 알아야 되니까."

대학 2학년 때 국전에 출품한 작품이 입상했을 때 엄마가 하신 말씀이었다. 그 말을 들으면서 나는 그저 엄마 손을 잡고 있을 뿐이었다. 우리 두 사람의 얼굴은 웃고 있는데 그런데 눈물이 흘러내리고 있었다.

"그리고 청소를 할 수 있는 정도보다 조금 더 좋아지면 '김밥 말이'를 가르치려고 했었지. 다른 사람이 한 달 정도 배워야 김밥을 만들게 된다면, 너는 3년쯤 걸릴 예상을 하고 한번 가르쳐 보겠다고 결심했었어. 네가 연습 삼아 만든 옆구리 터진 김밥을 내가 다 먹을 작정을 하고 말이다. 김밥을 말아서라도 네 스스로 네 목숨을 유지할 수 있는 일을 할 수 있게 만들고 싶었다."

엄마의 그 말을 들으면서 나는 소리 내어 큰 소리로 웃었다.

"3년 내내 옆구리 터진 김밥을 먹을 작정이었다고요? 하하하하."

소리 내어 웃고 있었지만 눈물은 더 많이 하염없이 흘러내렸다. 그렇게도 눈물이 흐를 수 있다는 것을 겪는 순간이었다. 동시에 가슴 속 깊이 예리하게 쿡쿡, 쑤셨다. 엄마는 언제나 강한 태도로 늘 내게 힘찬 모습을 보여주셨고 의연한 모습을 보이셨던 분이다. 하지만 실제 엄마 속은 얼마나 새까맣게 탔을까 생각하니 나도 모르게 눈물이 흘러내리는 것이다.

"나 효녀지? 옆구리 터진 김밥을 드시지 않게 했으니."

마음이 아파서 일부러 더 농담을 했는데 엄마는 진지한 표정으로, 한없이 부드러운 표정으로 대답하셨다.

"그럼, 그럼. 우리 큰 딸, 우리 경혜, 효녀이고말고. 어디에도 없지. 이만한 효녀."

그러면서 나를 꼭 안으시는 엄마 때문에 난 더 이상 농담도 못했다.

내가 효녀라니, 말 해놓고 죄송해서 고개를 들지 못했는데 엄마의 말씀 때문에 결국 이번에는 소리 내어 울고 말았던 기억이 아직도 생생하다.

하지만 엄마는 아직도 내가 정말 세상에서 둘도 없는 효녀라고 말씀하신다.

"평생 내 가슴에 한으로 남았을 네가, 내가 죽어도 눈을 제대로 감을 수 있을까 싶었는데…… 이제 아무 걱정하지 않고 편히 이생에서의 삶을 접을 수 있으니 얼마나 큰 효녀니?"

엄마를 위해서라도 나의 '숨은 그림 찾기'는 멈추지 않을 것이다.

여태 그랬던 것처럼 빠르지 않게, 그렇다고 느리지도 않게 꾸준하게 끊임없이 노력할 것이다. 내 삶의 주인공이 되기 위해.

인생의 스승, 여행

여행.

듣기만 해도 가슴이 부풀어 오르는 단어다. 나에게는 더더욱 소망만큼 실천을 못하고 사니 그 열망이 더 커지는 단어이다.

졸업논문이랑 작품, 거기에다 이 원고 때문에 정신이 없지만 모든 것이 한 단락 지어지면 정말 여행을 가고 싶다.

여행만큼 사람에게 좋은 휴식과 충전이 있을까. 여행만큼 자신과 주변을 돌아보게 하는 맑은 거울이 있을까. 여행만큼 사람과 세상에 대한 사랑을 깨닫게 해주는 메신저가 있을까.

내 인생에 있어 소중한 느낌과 깨달음을 준 여행이라면 두 번의 여행을 들 수 있다. 두 번 다 방송국의 기획으로 방송국의 일정에 맞춰진 것이지만 내겐 특별한 의미를 지닌 것이다.

스케치를 위한 혼자만의 짧은 여행들도 작품과 내 정신세계의 푸르름으로 내게 좋은 흔적을 남겼지만 실크로드 기행과 히말라야 트레킹은 단순한 관광의 의미를 넘어서 내 삶의 방향에 뚜렷한 메시지를 던져 준 여행이라고 생각한다.

교과서에 실린 정도로만 알았던 실크로드 기행을 하게 된 것은 1996년의 일이었다. 시기상으로도 내게 또 다른 새로운 변화가 시작되고 있을 때였다. 첫 만 배 백일기도를 마치고 휴식을 하고 있을 때였으니 말이다.

겉으로 보기엔 백일기도를 할 때와는 달리 턱없이 편안해진 생활이었지만 가슴 속은 무엇인지 모를 기운으로 들끓고 있을 때였다. 분출할 곳을 찾고 있는 에너지였다.

사실 백일기도가 끝나자 나는 그야말로 꿈같은 생활을 했다. 극락이 따로 없었다.

백일기도를 할 때는 매일 매일이 죽음 같은 고통 속이었는데 거짓말처럼 먹고 마시고 쉬면서 이런저런 책이나 읽으니 가끔 스스로도 믿기지 않을 정도였다.

만 배 백일기도를 해내기 전에는 하루 1천배가 솔직히 가끔 부담스러웠다. 아무리 20년 이상 해온 일이지만, 또한 바로 그렇게 오랫동안 해 온 것이기 때문에 마치 족쇄처럼 부담스럽기도 했다. 그런데 만 배 백일을 끝낸 후에는 천 배가 정말이지 아무 것도 아니게 여겨졌다. 매일매일 만 배를 하던 것에 비하면 하루 천 배는 그냥 맨손체조 정도로 누워서 떡 먹는 것처럼 쉬웠다.

그리고 백 일 동안 수척해질 대로 수척해진 나를 보고 엄마가 몸에 좋다는 음식을 많이 해주셨고, 동시에 입맛을 찾은 나는 원래의 몸무게로 빠르게 회복되고 있었다.

하지만 몸은 편하게 즐거운데 시간이 지날수록 내 정신은 미미한 진폭이지만 무언가를 원하고 있는 듯 했다. 그것이 무엇인지 알 수는 없었지만.

그럴 때 MBC 문화방송에서 9박 10일 동안의 '〈실크로드〉문화기행 참가단'을 모집한다는 정보를 접하고 신청을 하게 되었다.

실크로드. 먼지바람과 이국적 의상, 등에 잔뜩 짐을 싣고 걸어가는 낙타가 순간적으로 떠올랐고, 곧이어 내 정신이 원하고 있는 무언가를 찾을 수 있을지도 모르겠다는 생각이 들었다.

"사람이 살아가려면 많은 것을 보고 배워야 된다."

엄마 역시 적극적으로 권하셨고 난 용기를 내어 실크로드 기행에 참가하기로 했다. 몸으로 할 수 있는 극한 경험을 해보았으니 정신적 양분도 충분히 주고 싶었는지 모르겠다.

나로서는 두 번째 외국여행이었다.

그 지난해에 대학 과 동기들과 일본에 잠시 다녀온 적이 있었다. 방학기간을 이용해서 일본의 유통시장을 견학하러 간 것이 첫 외국여행인 셈이었는데, 특히 일본의 백화점과 재래시장, 동경의 대학로 거리 그리고 전자종합상점, 후지산과 후지사 등을 돌아보았다. 일본과 우리를 비교하면서 사람들이 많이 오가는 이유와 그 동선에 대해 많은 점을 느낄 수 있었다. 그 일정에서는 자매결연을 맺은 일본 대학생들과 함께 어울렸던 것이 빠트릴 수 없는 여행의 매력이었다.

아무튼 그렇게 뜻밖의 선물처럼 실크로드 기행은 내게 찾아왔다.

기행은 북경에서부터 시작되었다.

그 당시 중국은 색으로 비유하자면 흑백에서 칼라로 바뀌는 단계였다. 한마디로 서서히 자본의 물결이 밀려오는 시대로 생각하면 될 것 같다. 빨강색, 노란색 등 여러 가지 색들의 간판들이 도로를 점령하고 있었고 거리의 건물들도 군데군데 컬러풀한 색을 입히며 단장해가고 있었다.

고궁이자 박물관인 자금성, 영화 '마지막 황제'의 영화로 더 유명해진 자금성은 영화에서 느꼈듯이 역시 무척이나 웅장했다. 성벽 네 둘레에 각각 문이 있는데 정문이라고 할 수 있는 오문이 가장 웅대하였다. 영화에서부터 인상적이었던 기와와 붉은 칠을 한 기둥들, 무수히 많은 크고 작은 건물들과 문과 장벽들의 정연한 배치를 보면서 건축의 웅장함과 아름다움에 탄복하지 않을 수 없었다.

그 웅장한 궁전을 보면서 나는 명나라와 청나라의 강력한 힘을 보는 듯해서 한편 부러우면서도 우리의 역사를 돌이켜보면서 그리 마음이 편치만은 않았다. 편협한 애국심일까? 작은 자의 좁은 속내일까?

묘한 감정으로 둘러봤던 자금성과 달리 밤에 일행 중 몇 명이랑 산책한 천안문 광장은 시원함과 더불어 강인한 어떤 에너지를 느끼게 해주어 좋았다. 역시 왕이 살았던 궁전 보다는 인민들이 활기차게 오늘을 살고 내일을 준비하는, 탁 트인 광장이 좋았다.

북경에서 빠트릴 수 없는 일정이 바로 만리장성이었다.

만리장성을 보지 않고 중국여행을 말할 수 없듯이 중국여행에서 반드시 거치게 된다는 만리장성은 정말 말이 필요 없을 만큼 웅장했다. 그 웅장함에 놀라는 건 잠시였고, 장비나 기술도 발달하지 않은 그 시절에 그만한 성을 쌓아올리느라 얼마나 많은 사람이 죽고 또 얼마나 고생했을까?라는 생각이 가장 많이 들었다.

서안에서는 진시황릉과 병마총을 보았는데 중국을 여행할수록 스케일에 놀랐고 과연 대륙은 대륙이라는 생각이 들었다.

세계 10대 기적으로 불리며 아직도 그 실체가 완전히 벗겨지지 않은 진시황릉은 중국을 처음으로 통일한 진시황제의 무덤으로 그것 역시 내겐 그 공사로 인한 민초들의 희생이 자꾸 마음에 걸리는 역사였다. 70년대 발견된 6천개 이상 된 흙으로 만든 병마총, 그 6척 장신의 토총만으로도 진시황릉은 수수께끼라고 한다. 그런데 시간이 흐를수록 무덤이 아니라 하나의 지하도시라는 것이 점점 밝혀지고 있으니 공사의 규모는 가히 짐작할 수 있을 것이다.

진짜 실크로드 기행의 맛을 느낄 수 있는 것은 우루무치에서부터였다.

몽골어로 '아름다운 목장'이라는 뜻의 우루무치는 이름 그대로 광대한 목초지로 몽골과 가까우며 목초지답게 말이 교통수단이었다. 우루무치는 실크로드의 요충지로 2천여 년 동안 양과 소 떼들을 몰고 다니던 많은 소수 민족들이 모여 살았던 지대였다.

현재도 30개가 넘는 인종이 모여 사는 도시인데 그러한 역사를 반영하듯 여전히 지금도 교통의 요충지이며 도시화가 되어가고 있는 우루무치의 부조화한 모습을 보면서 서양과 동양이라는 공간을 이어주던 그곳이 이제 과거와 현재라는 시간을 이어주고 있다는 생각이 들었다.

우루무치에서 이동해 간 곳이 투르판이었는데, 무엇보다 기온이 섭씨 40도가 넘는 더운 지방이라는 것과 건포도가 유명하다는 것이

1996년 실크로드 여행 중 만리장성에서. 나는 이번 여행에서 자신과 세상을 직시하게 되는 맑은 거울 하나를 만날 수 있었다.

다시 떠올려진다.

　돈황에 가서는 막고굴(돈황석굴)의 벽화를 보면서 어떻게 저걸 저 시대에 그렸을까 하는 감탄이 절로 나왔다. 색채사용도 사용이지만 보존상태도 훌륭했다. 그것을 보는 동안 가슴 깊은 곳에서 옛 사람의 정취가 그대로 느껴졌다.

　서태후의 여름 별장이었던 이화원, 양귀비의 별장이었던 화청지에도 가보고 양귀비를 그려놓은 부조형식의 벽화도 구경했다. 양귀비가 아주 예쁘게 새겨져 있었다. 사람들이 당나라 시대엔 뚱뚱한 여인이 미인이라고들 하지만, 부조에 새겨진 양귀비는 갸름한 모습이었다.

　실크로드를 따라 여행을 하면서 환경에 따라 사람들이 여러 모양으로 살고 있다는 걸 깨달았고, 아름다운 문화유산들을 실제로 본다는 것이 정말 좋았다.

　그 실크로드를 따라 끝없이 가고 싶었다. 로마까지.

　빡빡한 일정과 다른 일행들과 함께 움직이는 탓에 여유 있게 이국에서의 정취를 음미할 수 없어서 아쉽기도 했지만, 책으로만 접하던 것들을 실제로 보니 그 느낌이 확실히 달랐다. 사람들이 여행이 왜 인생에 있어 그 어떤 것과도 비교할 수 없는 공부라고 말하는지 조금은 알 것만 같았다.

　하루하루 실크로드를 더듬고 지나가면서 나는 깨달았다.

　내가 얼마나 우물 안 개구리였으며 내 감성이나 경험 또한 얼마나 제한적이었는지 말이다.

　실크로드 기행은 나에게 여행의 진정한 의미를 알게 해주었으며,

여행처럼 내 삶에 항상 새로운 길을 개척해 나가야겠다는 교훈 하나를 남겨 주었다.

그리고 또 한 가지, 실크로드 여행이 내게 준 아주 특별한 선물이 있었다. 단순히 여행이 주는 감동과 견문의 폭을 넓혀 준 것만이 아니었던 것이다. 그것은 바로 나를 정면으로 바라보게 해 준 것이었다.

여행을 하는 동안 일행 중 한 명이 캠코더를 가져와 일정을 찍곤 했는데, 여행이 끝나갈 무렵 어느 날 저녁에 함께 모여 그것을 본 적이 있었다.

그런데 그 비디오에 나오는 나를 보면서 나는 커다란 충격을 받았다는 말이 어쩌면 새삼스럽게 들릴지도 모르겠다.

거울을 보고 살았으니 내 모습을 처음 본 것도 아니며, 평소에 다른 사람들과 어울려 함께 살았으니 그들과 나의 차이를 몰랐을 리 없었다. 그런데 참 이상했다. 화면 속에서 함께 다니고 얘기하고 웃고 하는 친구들과 내 모습이 나오는데 내가 그렇게 달라 보일 수가 없었다. 실제로 내가 사람들과 얼마나 다른지 극명하게 확인할 수 있는 순간이었다.

절을 통해 아주 많이 좋아졌다고, 이제 다른 사람들과 섞여 있어도 별 차이 나지 않을 거라고 생각했었다.

하지만 아니었다. 일그러진 얼굴, 아직도 말할 때 조금씩 돌아가는 얼굴, 정확하지 않은 발음…… 커다란 망치로 머리를 맞은 느낌이었다.

왜 하필 이 좋은 여행에서 느낀 저 모습이 바로 나란 말인가. 그래, 저게 나구나! 바로 저 모습이 나구나. 난 그동안 마술에라도 걸려 있었던 건가.

처음 얼마 동안은 괴로웠다. 일행들에게는 내색하지 못하고 속으로만 괴로웠다. 그 때문에 돌아오는 길은 마음이 무척 무거웠다.

여행을 떠났다가 돌아오는 길이 여행지에 대한 느낌으로 충만해야 하는데, 내 일상에 대한 새삼스런 애정으로 설레야 하는데, 나는 그렇지 못했다. 난데없이 카프카의 변신에 나오는 그레고르처럼 내가 하루아침에 엄청나게 변해버리기라도 한 듯한 기분으로 마음에 무거운 돌 하나를 매달고 돌아온 것이다.

두 번째 만 배 백일기도, 윤회를 끝내고 싶다

　실크로드 기행에서 돌아온 뒤 나는 며칠 동안 방안에서 꼼짝을 하지 않았다. 당신이 상상했던 것처럼 여행의 기쁨으로 여전히 들뜨고 불그스레한 얼굴로 돌아오지 않은 나에게, 뿐만 아니라 보통 때처럼 시시콜콜하게 9박 10일 동안의 이야기를 늘어놓지도 않고 방안에만 있는 나에게 엄마는 아무 말씀도 묻지 않았다.
　내가 먼저 이야기를 할 준비가 되기를 기다리는 게 엄마의 방식이었다.
　하지만 걱정하고 계실 거라는 걸 잘 알기 때문에 엄마에게 얘기를 하고 싶었지만 나 스스로도 이상하게 여겨질 만큼 꾹, 다물어진 입은 열리지 않았다. 도대체 그토록 충격을 받을 일이 무엇인지 스스로도 이해가 되지 않았다. 내내 눈 감고 있다가 뜬 것도 아니었는데 말이다.
　껍질을 깨고 나오려던 새끼 새가 다시 제 깃으로 껍질을 뒤집어쓰는 꼴로 나는 웅크린 채 며칠을 지냈다.

　새로운 도약을 할 수 있는 에너지를 충전해 올 줄 알았던 여행이, '세상이 얼마나 넓고 할 일이 얼마나 많은지' 즐겁게 깨닫고 올 줄 알았던 여행이 오히려 나의 한계를 확인시켜준 좌절의 시간이 되어버린 듯 했다.

　며칠 후 결국 엄마에게 내 마음에서 요동치고 있는 격랑에 대해서 얘기를 했다.

　"난 나에 대해서 과신했는지 몰라. 잘못 판단했는지도 몰라. 다른 사람들이라면 얼마든지 간단히 해낼 수 있는 일들을 해내고, 도달할 수 있는 지점에 왔을 뿐인데 내가 뭔가 해냈다는 착각을 했어요. 내 운명을 극복했다고, 극복할 수 있다고 믿었어요. 실제 나는 아무 것도 아니었어요. 사지가 조금 더 자유스럽게 움직일 수 있을 뿐이었어요. 그것 자체도 멀쩡한 사람들에 비하면 부족한 거라는 생각에 숨이 턱, 막혔어요."

　내가 찍힌 비디오를 봤을 때의 충격을 얘기하고 덧붙여 그렇게 말했을 때, 엄마는 아무 말씀도 하지 않았다. 한동안 부동자세로 앉아 있을 뿐. 그러다가 꽤 시간이 흐른 후 이렇게 되물으셨다.

　"한 마디로 네 외모가 다른 사람들보다 보기 좋지 않아 기분이 나쁘다는 거지?"

　"그게 아니라……"

　"너는 왜 그러는지 이유를 모르겠다고 말하고 있지만 이유는 그거야. 네 모습을 네가 마음에 안 들어 한다는 거지. 그러니까 네가 봐야 할 것을 보지 못하고 헛것에 눈이 어두워지고 있는 중이야."

무슨 말인가를 해야 하는데 아무 말도 할 수가 없었다.

"너도나도 껍데기에 정신이 팔리는 시절이다. 너도 그 잘못된 기운에 휩싸인 거야. 몸은 우리가 잠시 빌리는 도구일 뿐이다. 그리고 우리가 이생에서 사는 동안 잘 관리해서 건강하게 우리의 인연을 다하고 갈 수 있도록 하면 되는 거다."

머리로는 엄마의 말을 부정하고 있었지만, 나는 고개를 숙인 채 여전히 아무 말도 하지 못하였다.

"경혜야, 수행하는데 있어서 너무 잘 생겨서 남의 눈에 잘 띄게 되는 것도 안 좋단다. 이미 그 사람은 장애보다 더 큰 마장이 있어서 아무 것도 못해. 사람들이 따라다니니까, 그것도 보통 마장이 아니거든. 그래서 진실하게 수행을 하는 사람들은 다음 생에는 못생기고 아무도 거들떠보지 않는 사람으로 태어나게 해 달라고 한단다. 오히려 너 같은 경우에는 너의 치명적인 단점이 수행할 때는 최대의 장점이 될 수 있는 거야. 그러니까 한쪽에서는 선택받은 거지. 내가 말하는 수행이란, 살아가는 그 자체라는 것은 알지?"

엄마의 그 말을 듣는 순간, 가슴이 시원해졌다. 나도 모르게 눈에 힘이 들어갔다.

'그래, 맞아. 나도 한 쪽에서는 선택받은 사람이구나.'

그때 엄마는 나옹 스님의 얘기를 함께 해주셨던 기억이 난다.

많은 사람들이 나옹 스님은 도인이라며 따라 다녔는데 그것이 스님에게는 수행을 방해하는 요소였다. 그래서 하루는 남의 집에 들어가서 빨랫줄에 널려 있는 아기 기저귀를 몽땅 걸망에 넣고 그 중 하나를 일부러 반쯤 보이게 했다. 그래서 곧 사람들에게 도적질을 하는 스님으로 오인을 받게 되었고 사람들은 그런 스님에게 실망해서 더 이상 따라 다니지 않았고 스님은 그때부터 수행에만 전념할 수 있었다.

스스로 도둑으로 꾸며 일부러 자신을 존경하는 사람들에게 정을 떨어지게 한 다음 그때부터 토굴에서 본격적인 공부를 했다는 나옹 스님.

나옹 스님 이야기는 우리 일반인들의 삶으로도 고스란히 옮겨올 수 있을 것이다.

그 날, 엄마와 대화를 하면서 나는 새로운 결심을 다시 하게 되었다. 어두워진 마음의 눈을 밝게 하고 나를 다시 바로 세우기 위해 다시 한번 만 배 백일기도를 하기로.

결코 쉬운 결정이 아니었다.

운명에 도전한다는 각오가 있었지만 첫 만 배 백일기도를 하는 동안, 왜 시작했는지 후회한 적도 많았다. 그 만큼 처절하게 힘들었다. 나 스스로 목숨을 버릴 만큼 힘들었다.

그런데 그런 고통 이상의 고통을 다시 선택하게 될 줄은 스스로도 정말 몰랐다.

다시 만 배 백일기도를 하겠다고 생각한 이유는 처음에는 모습에 대한 기준으로 스스로를 불신하고 좌절하게 된 마음을 닦기 위함이었지만 그것만은 아니었다.

"왜 다시 만 배 백일기도를 하는가에 대해 진지하게 생각하고 또 생각해 보아라. 그게 정리된 후에 시작해도 늦지 않다. 사실 엄마는 네가 여행에서 돌아오면 좀 쉰 다음 또 한번 백일기도를 하는 게 어떠냐고 권할 참이었단다. 넌 뭐든지 다른 사람의 몇 배의 노력을 해야 하니까 백일기도도 한 번으로는 부족할 것 같다는 생각이 들었고, 이왕이면 엄마가 뒷바라지 해 줄 수 있을 때 하면 좋겠다고 생각했다. 상황이 안 될 때는 뜻이 있어도 못하게 되니까 말이다. 그런데 신기하게도 이렇게 이유가 생기는 구나. 하지만, 백일기도를 할지 안할지 결정은 네가 해야 한다. 왜 만 배 백일기도를 다시 하는지 생각해 보면서 다시 한번 결정할 기회를 가지도록 해라."

엄마의 충고대로 그날부터 왜 다시 만 배 백일기도를 해야 하는지에 대해 골똘히 생각하고 또 생각하였다. 그리고 해야겠다는 결심을 더욱 굳혔고, 또한 그 이유도 스스로 찾아내었다.

첫 만 배 백일 때와는 달리 이미 해 봤기 때문에 그 고통에 대해 치가 떨릴 만큼 더 잘 알면서도 다시 그 가시밭길을 선택한 이유는 사람들과 섞여 있는 나의 다른 모습에 충격을 받고 흐려진 내 마음을 닦기 위함만이 아니었다. 나는 이번 생에서 진정 윤회를 끝내고 싶었다.

그리고 또 하나의 이유를 더 챙겨 들었다.

몸이 주인이 되어버린 삶을 마음이 주인이 되는 삶으로 돌려놓자는 게 그것이었다. 그러기 위한 방법으로 절 수행이 가장 적절하다고 생각했기 때문이다.

첫 번째 만 배 백일 수행을 하면서 몸이란 놈과 많이 부딪쳤었다. 그러면서 죽음까지 몰고 가는 몸이란 놈을 가만히 하나씩 분석을 해 보았다.

배고프다고 밥 먹여 달라, 춥다고 옷 입혀 달라, 덥다고 옷 벗겨

달라, 힘들고 피곤하다고 편안하게 잠재워 달라…… 이런 요구는 기본일 뿐이다. 몸의 욕구는 만족을 모르는 아귀였다.

배고프다고 밥 먹여주면 더 맛있는 것을 요구하고, 춥다고 옷 입혀주면 좀 더 예쁘고 멋있고 남 보기에 좋아 보이는 것을 입혀 달라고 요구한다. 그뿐이 아니다. 어느 정도 성장하면 본능이라는 것을 자극시켜서 자손을 만들게 하고, 자손이 생기면 자손의 뒷바라지에 시간을 보내게 하고, 결국 우리는 평생 몸의 요구에 매달리고 따라다니는 시간을 보내게 되는 것이다.

몸을 관장하는 마음이 중심이 돼야 하는데 거꾸로 몸이 모든 생활의 중심이 되어 있으니 우리는 더욱 고행의 바다를 항해하고 있는 셈이다.

몸의 욕구에 좌지우지되는 삶에서 벗어나기 위해 절 수행법은 탁월한 방법인 것이다. 몸과 마음의 싸움이니까 말이다.

그러고 보니 그랬던 것 같다. 절 수행은 그 자체가 바로 나 자신과의 싸움이었다. 내 마음과 내 몸의 싸움이었던 것이다. 그리고 그 싸움은 만 배 백일기도 한 번으로 결판날 수 없었다.

윤회를 끝내고 싶다는 깊은 소망과, 마음이 내 인생의 주인이 되게끔 해야 한다는 결심으로 나는 혹시 내 몸이 감당하지 못해 절을 하다가 죽더라도 그것을 그대로 받아들이겠다는 생각까지 했다.

이렇게 하여 96년 8월 1일, 두 번째 만 배 백일기도를 시작하였다. 첫 번째 백일기도로부터 5개월만이었고 휴식기간 두 달을 가진 뒤였다.

타오르는 고통과 화두

8월 1일은 더운 날씨다. 왜 하필 그 힘든 것을 복더위에 시작했나 싶겠지만 길게 보면 적절한 선택이다. 처음 며칠은 숨이 막히도록 덥지만 곧 아침저녁으로 조금씩 나아지고 그때 시작해야 추운 겨울 전에 마칠 수 있기 때문이다.

겨울에는 만 배 백일기도를 안 하는 것이 좋은데, 이유는 절을 하다 보면 항상 옷이 땀에 젖어 겨울에는 잠시만 방심해도 바로 감기에 걸리고 만다. 그러니 처음 얼마동안은 덥더라도 일찍 시작하는 것이 좋을 것 같아 8월 1일부터 시작하게 된 것이다. 처음 며칠은 가전제품의 도움을 받을 수밖에 없었다.

그런데 기도를 시작한 지 3일 정도 지나자마자 몸의 느낌이 좋지 않았다. 점점 몸이 무거워오는 것 같았다. 마치 사지에다 시멘트를 발라 그것이 조금씩 마르고 것 같았다. 짐작보다 빠른 거부였다. 첫 번째 만 배 백일의 후유증이 아직 꽤 자리 잡고 있기 때문이었다. 언뜻 보기에는 살도 오르고 건강하게 보였는데 아직 몸속에서는 회복이 되지 않은 모양이었다.

너무나 중요한 의의를 가지고 시작한 두 번째 만 배 백일기도이건만 넘어갈 산과 건너야할 강이 첫 번째 때보다 더 높고 깊을 것 같은 징조였다. 생지옥이 내 앞에 펼쳐져 있는 것이다. 그러나 시작에 불과하다는 의지로 이겨나가고 있었다.

20여일이 지나고 30일 정도가 되자 코피가 수도꼭지에서 쏟아지는 물처럼 쏟아져 나왔다. 도대체 멈출 기미를 보이지 않고 계속 나와서 코를 잡고 3분 정도 있어야 겨우 조금 멈추곤 했다. 3분 정도 지난 후에 휴지로 코마개를 만들어서 코에 끼워 넣고 입으로 숨을 쉬면서 계속 절을 했었다. 코피가 나온다고 해서 시간이 잠시 멈추어 주는 것도 아니기 때문이었다.

절하는 좌구 위에 마치 빨간 채송화가 군데군데 그려진 것처럼 선명한 코피 자국이 남았다. 그렇게 며칠동안은 코피와의 전쟁을 치루고 있었다. 하지만 거기서 멈출 수는 없는 노릇이니 '코피쯤이야!'라며 아랑곳하지 않고 계속 절을 했다. 별 도리가 없기 때문이다.

사실 절을 하기 위해 특별히 정해져 있는 장소나 반드시 갖춰져야 할 주위 환경은 그다지 없다. 절을 하고자 하는 마음만 있으면 된다. 단적인 예로 어떤 분은 목을 타고 송충이가 지나가도 개의치 않고 계속 절만 하는 사람도 있었다.

아무리 어떤 상황이 온다 해도 하고자 하는 마음을 단단히 가지고, 실천에 옮기면 그 외 모든 부속적인 문제는 그다지 신경 쓰지 않게 된다. 그것이 만 배 절하는 사람의 기본자세라고 생각하면 된다.

며칠동안 자꾸 쏟아지는 코피 때문에 빈혈 증세가 나타나 절을 하면서도 어지러움을 느낄 때가 많았다. 심하게 어지러워 나도 모르게 몸이 휘청거릴 때면 그냥 이대로 죽어도 여한이 없다고 생각하면서 절을 했다.

고통의 정도를 말한다면 첫 번째 백일기도나 두 번째나 어느 쪽이 더 힘들다고 잘라 말할 수 없었지만 한 가지 달라진 점은 있었다. 그것은 나 자신의 의지나 생각을 비우게 되었다는 점이다. 어떤 상황이 되더라도, 온몸에 불이 이는 것 같은 고통에 짓눌려도 어떻게 해보겠다는 의지나 생각을 하지 않았다. 그저 내가 해야 하고 할 수 있는 것이라곤 절밖에 없으므로 부지런히 절만 하며 마음을 비우고 나를 낮추려 했다. 그렇게 마음을 비우고자 하는 자세가 긍정적으로 하루하루 버티게 해 주는 정신의 힘이었다.

하지만 버텨내고 있다고 해서 고통이 옅어지거나 고통에 익숙해지는 것은 아니었다. 어찌 보면 첫 번째 백일수행 때보다 더 힘든 거 같았다. 머리와 눈에서 열이 나고 머리는 망치로 두드리는 듯 깨어지는 아픔에 너무나 힘들고 괴로웠다. 온 몸이 갈기갈기 뜯겨져 나가거나 분해 될 것만 같았다.

특히 지금껏 겪어보지 못한 특별한 두통은 도저히 참아내기가 너무나 힘이 들었다. 참다 참다가 엄마를 불러 옆에 좀 있어 달라고 부탁을 하곤 했다.

그러면 엄마는 곁에 앉으셔서 소리 내어 전처럼 능엄주를 읽어주셨다. 그 소리를 듣고 있으면 한결 수월해졌고, 무거운 용광로 같던 머리도 차츰차츰 열이 가라앉는 것 같았다.

내 능력으로는 설명할 수 없는 참으로 이상한 일이었다. 그래서 나는 계속 며칠 동안 옆에 있어 달라고 했는데, 엄마는 아예 좌선을 한 채 곁에 눌러계셨다. 나는 절 수행에, 엄마는 참선에 들어간 것이다.

단지 엄마가 옆에 있다는 이유로 상당한 위안과 힘이 되었다.

"옛 조사 스님들은 몸을 버릴 생각으로 공부를 하였다. 생명을 바꿀 각오가 아니면 어려운 것이 수행인데 하물며 너는 남보다 불편한 몸을 가지고 있으니 노력 또한 더 할 수밖에."

절 수행의 고통이 다른 사람들보다 더 심할 수밖에 없음을 받아들이고 견뎌낼 때 내가 원하는 삶에 한 걸음 다가갈 수 있다는 말씀이었다.

'그래, 생명을 바꾸기 위한 일이야. 이 정도 고통쯤이야.'

그렇게 나를 격려하면 또 몇 시간은 새로운 에너지로 이어나갈 수 있었다.

그런데 말로 형언하기 어려울 만큼의 고통도 고통이지만 견딜 수 없는 또 하나의 적은 바로 졸음이었다. 첫 번째 백일기도에서도 그랬지만 그 정도는 아니었다.

머리는 곧 어떻게 되어버릴 것처럼 아프고, 졸음이 해일처럼 밀려왔다. 어찌해 볼 도리가 없었다.

한번은 절을 하면서 잠이 들어버린 적도 있었다.

몸은 기계적으로 계속 절을 하는데 실제 나는 잠들어 있었던 모양으로 엄마가 옆에 오신 것도 몰랐다. 엄마가 뭔가 이상해서 가만히 보니까 내가 눈을 감고 절을 계속 하기는 하는데 입으로는 '보광불',

'보광불'만 중얼거리고 있더라는 것이다.

'보광불'은 예불대참회문에 나오는 부처님의 명호로 아마도 예불대참회문을 외우다 잠이 드는 바람에 다음 순서로 넘어가지 못하고 '보광불'만 되풀이하고 있었던 모양이었다. 잠이 든 채로 절을 하고 있었던 셈이다.

잠이 들었는데 몸이 저절로 절을 하는 상황, 내가 경험하지 않았더라면 나 역시 믿을 수 없었을 것이다.

그렇게 나는 윤회의 고리를 끊고 싶어 스스로 불가마 같은 고통 속에 나를 던져 넣었다. 불가마 속에서 멋진 도자기가 완성되듯 새로운 내가, 더욱 단단해지고 아름다워진 내가 탄생되길 바라면서.

내가 내 손가락을 내 이로 끊어내고 싶을 만큼 몰려오던 졸음이 폭풍우처럼 지나가고 나자 졸음과는 반대 현상을 경험하게 되었다. 반대 현상이라는 말이 적절한지는 몰라도 그렇게 표현할 수밖에 없다.

그야말로 잡념 없이 집중적으로 정성을 들여서 절을 하고 있으면 가끔 이상한 현상이 나타났다. 내 눈에 절을 하고 있는 내 모습이 보이는 것이다.

몸은 절을 하고 있고 나는 그 모습을 보고 있다니!

참 특이한 경험이 아닐 수 없었다.

그즈음 들어 내가 변하고 있다는 걸 느꼈다.

진흙에 불과하던 그릇이 몇 천도가 넘는 불가마 속에 들어갔다 나오면서 아름다운 도자기로 탄생하는 것처럼 고통 속에서 그때까지의 내가 없어지는 것 같았다. 첫 번째 만 배 백일 때 하고는 다르게 고통에 대항하지 않고 그저 묵묵히 절을 하고 있었으며, 아무런 생각을 하고 있지 않을 때가 많았다.

첫 번째 만 배 백일은 너무나 처절한 나 자신과의 싸움이어서 마음이 생지옥처럼 괴로웠고 두 번째 만 배 백일은 감기라든지 두통이라든지 하는 육신의 병의 고통이 나를 너무 괴롭혔지만 마음만은 편안했다. 사는 것조차 포기하고 고통에서 벗어나려는 노력조차 포기해서일까.

나의 변화를 느끼신 엄마가 다시 화두를 들어 정진해 보라고 하셨다.

사실 어릴 때도 엄마와 같이 화두를 들고 하는 참선을 해보았지만 만 배 백일기도는 절을 하는 것만으로도 너무 힘들었기 때문에 함께 하지 않았던 것이다.

그러다가 서서히 일어나고 있는 내 마음의 변화를 지켜보던 엄마가 절을 하면서 화두를 잡는 방편을 일러 주었다. 그때쯤 화두를 잡는 것이 적당하다고 판단하신 것이다.

엄마가 내게 준 화두는 불가에서는 잘 알려진 '이뭐꼬' 였다.

아프거나 괴로울 때마다 아프게 하는 이놈이 '이뭐꼬'
괴로울 때는 괴롭게 하는 이놈이 '이뭐꼬'

그때부터 나는 절을 하면서 아프고 괴로운 통증이 올 때마다 화두에 매달렸다.

그런데 절을 하면서 화두를 잡는 방법은 참선할 때와는 조금 다른 것 같다.

참선 중에는 앉아서 하는 좌선과 움직이면서 하는 행선이 있는데 절은 '행선'에 가깝다고 생각하면 틀리지 않을 것 같다.

처음 참선을 하면 솔직히 거의 망상이 99%라고 생각한다. 몸은 앉아 있는데 마음은 서울도 갔다가 부산도 갔다가 누구 네도 갔다가, 좌우지간 우주 몇 바퀴를 돈다. 그만큼 온갖 잡생각이 자기도 모르게 스스로 떠올라 난리를 치는 것이다.

망상이 자꾸 떠오른다고 해서 너무 조바심을 내도 안 된다. 망상이 기승을 부려도 그것에 휘둘리지 않고 무시하고 계속 자기 의지대로 화두에 전념하려고 애쓰면 조금씩, 아주 조금씩 나아진다. 98%, 97%…… 이렇게 작게 천천히 망상이 적어지는 것이다.

불가에서는 진짜 화두를 잡고 하는 참선은 단전이 트인 후부터 시작한다.

"단전이 트여야 진짜 참선의 시작이야. 그 전에는 다 망상이야. 단전이 트이면 아랫배 쪽이 허공과 같이 편안하고 꼭 항아리 안처럼 그것만 들여다보게 되지. 그때부터 '이뭐꼬' 하면 된다."

절을 멈추고 엄마의 설명을 들을 수는 없어서 계속 절을 하면서 엄마의 말씀을 들었다.

"사람들은 단전이 트이고 항아리 안처럼 그것만 들여다보게 되는 그 자리를 '도'의 자리라고 착각하기도 해. 하지만 그것은 내공이 시작되는 것일 뿐이야."

엄마의 말씀은 단전이 트이는 것이 바로 참선을 위한 기초의 자리라는 것이다. 하지만 말이 쉽지 그렇게 되기까지는 참으로 많은 시간이 걸리는 일이었다.

그런데 절을 하면서 단전이 트이게 되고 화두를 잡을 수 있게 된다면, 나 같은 경우에는 참회와 물리치료와 그리고 나 자신을 찾을 수 있는 수행의 계기가 동시에 된다는 것을 의미했다. 일석삼조의 방법일 수 있는 것이다.

단전이 트여서 진짜 참선이 되면 그때는 '내공'의 기간이므로 그때부터 수행하는 사람들에게는 세상의 시간이 적용되지 않는다. 내공에 들어서면 잠시 5~10분 정도 화두를 들고 앉아 있었던 거 같은데 실제 시간으로는 벌써 1~2시간 정도 훌쩍 지나 있을 때가 많다. 그래서 수행하는 사람들은 자신도 모르게 거기서 안주를 많이 하게 되고, 좀 더 많은 시간이 지난 후에 내공도 박차고 나와서 외공에 접하게 된다고 하셨다.

내, 외공을 동시에 할 수 있는 경지가 되면 그때가 바로 '시방공'으로 시방과 일체를 뜻하지만 '바로 깨치기 전의 단계'라고 말할 수 있다. 이 기간은 많은 시간을 필요로 하지만 인연에 따라 단박에 바로 들어갈 수도 있다며, 일대사 인연은 참으로 묘하다고 엄마는 말씀하셨다.

아무튼 집중적으로 화두를 들고 절을 하니까 마음속에 망상도 없어지고, 몸의 아픔과 괴로움도 잊게 되고 여러 가지로 도움이 되었다.

특히 오랜 세월동안 몸에 익혀온 절 때문에 호흡 또한 몸에 밴 상태여서 화두를 드는 데 무척 도움이 되었다. 아무리 봐도 절은 나한테는 살아가면서 반드시 해야 하고, 하게 되어 있었던 수단이었던 것 같다.

첫 번째 백일기도 때는 첫 면허증을 딴 운전자가 자기 차를 몰고 가면서 좌충우돌 같은 사고를 일으키기도 하고, 어떤 때는 브레이크를 밟는다는 것이 액셀을 밟아 인명피해까지 나올 수도 있는 것이라 비유한다면, 두 번째 백일기도는 조금 익숙해진 운전자가 이제는 앞, 뒤, 옆 정도 볼 수 있는 여유가 생긴 것이라 설명하고 싶다.

그 여유라는 것이 바로 화두 '이뭐꼬' 라고 말할 수 있는 것이다.

최고의 경지, 구경각

　내 인생에서 절은 건축물에서의 기둥에 해당될 만큼 빼놓을 수 없는 것이다. 그건 곧 불교가 내 인생에 준 영향이 크다는 의미와 같다.
　물론 어렸을 때 죽어가는 목숨으로 성철 큰스님께 매달렸을 때야 종교가 무엇인지, 불교가 무엇인지 알 리 없었다. 그건 그저 본능이었을 것이다. 생존본능.
　하지만 절을 하면서 당연히 절을 드나들었고 법문을 들었고, 나 자신을 바라보는 시간을 가졌으며, 부처님께 기원을 드리며 자라났으니 당연히 나는 불교 속에서 자라났다고 하면 틀림이 없다.
　내게 있어 불교는 종교 이전에 삶이다. 나를 움직이게 하고 사고하게 하는 에너지 자체가 다 불교적 에너지라고 생각한다. 하지만 불교를 이론적으로 다른 사람에게 정리해 줄만큼 공부가 깊지는 않다. 그저 불교에서 가르치는 대로 살아가고자 노력하는 사람일 뿐이다.
　한번씩 부처는 무엇일까, 어떤 의미일까 곰곰이 생각해 본다.

나는 한마디로 완성된 인격체라고 말하고 싶다. 부처는 완전한 자유인일 뿐이다. 흔히들 부처님을 형이상학 '신'의 일종에 비유하지만 내 생각은 그렇지 않다.

부처님은 다섯 가지 신통에 물들지 않는 '누진누루지'를 닦으신 분이다. 맑고 바른 지혜로서 세상을 인도하시는 분일뿐이다.

누진누루지는 일명 '누진통'이라고 하는데, 이것은 모든 것을 잊어버리는 단계이다. '아는 것', '지혜', '나'라는 것까지 모든 것을 잊어버리고 '평상시'로 되돌아오는 것이다.

누진통은 6신통의 하나로 5신통(천안통, 천이통, 숙명통, 타심통, 신족통)은 일반 범부나 초능력자 모두 할 수 있는 것이지만 마지막 6신통 중 누진통은 오직 부처님이 할 수 있다. 누진통을 깨달음으로써 평범한 완전한 인격체, 하나의 완성된 사람으로 돌아와서 인연 따라 지낼 뿐이다. 누진통은 모든 것을 잊어버리는 것이다. 이것은 공부한 것조차 잊어버리고 평범한 한 인간으로 다시 돌아가는 것이다.

이것은 일반사람으로서는 가장 어려운 단계이다. 부처님만이 할 수 있다. 이렇게 하여 사바세계도 용과 뱀이 어울려 살듯이, 여기에는 부처님과 중생이 어울려서 살아가는 공동체이기도 한 것이다.

세상에서 최고의 수행으로 '도'를 이룬 부처님은 업력에 의해서 복종하는 노예 같은 생각에서 모든 사람들을 해방시키고 부처님 자신처럼 같이 수행해서 '자유인'으로 그리고 '완전한 인격체'로 살라고 가르쳐 주신 분이다.

그리고 그러한 부처님과 같은 깨달음을 얻기 위해 설명할 수 있는 과정을 설명해 놓은 것이 부처님 경전이다.

예를 들어 집을 하나 살려면 중개업자(선지식이나 스승)가 데리고 다니면서 일일이 소개를 한다. 하지만 중개업자가 아무리 소개를 많이 한다 하더라도 본인이 직접 인감으로 계약을 하고 등기를 하고 그곳에 살아야 거주지가 되듯이 경전의 용도도 그렇다고 생각한다.

나는 경전을 제대로 보진 않았지만 분명 일반 대중들에게는 많은 도움을 주는 것임에는 틀림이 없다. 수행하고 깨닫는 것은 나 자신이어야 했다. 그리고 나는 절을 통해 조금씩 깨달아갔다.

두 번째 백일기도를 한 지 80여 일이 지나자 이제는 감정의 변화도, 희망도, 절규도, 포기도 아무 생각조차도 나지 않았다.

완전히 무덤덤하고 무심해졌다.

인간이 갈 수 있는 어떤 바닥까지 다 내려가서 몸과 마음은 마지막 숨결만 남겨 놓은 것 같았다. 아픔도, 괴로움도, 삶도, 죽음도 다 떠났고 생각이라는 것 자체가 없어지고 그냥 무덤덤하게 계속 절하는 데에만 집중하고 있었다.

그러던 어느 날이었다.

점심식사 시간이 되어서 무심코 창 밖으로 시선을 보내고 있었다.

그 순간에 갑자기 내 심장이 따로 떨어져 나와 바닥으로 내동댕이쳐지는 듯한 놀라움에 사로잡혔다. 아무 의식 없이 오로지 마음 하나에만 집중되어 '나'라는 것을 잃어버렸다. 아주 영롱한, 뭐라 형언할 수 없는 영롱함 가운데 내 몸과 내 심장마저 없어져 버리고, 주관도 없고 객관도 없는 그런 경계 속으로 마음이 집중되어 '나'라는 존재가 사라져버렸다.

눈앞에 보이는 관악산, 분명 관악산이 분명한데 모든 티끌이 벗겨

내가 본 '구경각'. 나의 만 배 백일 수행이 원만하여 얻어진 것일까? 주관도 객관도 없는 참나를 보는 순간이었다.

지고 원각의 자리가 합류하여 너무나 엄숙하고 청아하고 청정하고 이상한 신비로움에 쌓여 나는 이미 없어지고 눈에 보이는 원각과 함께 사물과 일체가 되어버렸다.

마지막 성철 큰스님의 강렬한 눈동자를 보는 순간처럼 그곳에 내가 빨려 들어가고 있었다.

'구경각.'

그 느낌이 하도 생생하고 신비로워 급하게 엄마를 불렀다. 그리고 마음을 가라앉히고 막 경험한 것이 무엇이냐고 물었다.

엄마도 상기된 얼굴로 말씀하셨다.

"'구경각'이다. 드디어 되었구나."

엄마의 얼굴에는 기쁨이 고스란히 떠올랐다. 그 말을 듣고 나는 나도 모르게 환희에 찬 소리를 질렀다. 그리고 기쁨으로 눈물을 흘리며 웃고 울었다.

'구경'은 불교에서 보살의 수행이 원만하여 궁극적이고 완전한 지혜를 얻는 경지를 이르는 말이다. '구경'에서 모든 1700공안(화두)과 법게송과 선문답이 나왔고, 부처님이 말씀하신 팔만대장경도 이 자리를 설명하기 위한 과정이었다. 그리고 모든 제불, 불보살들이 여기에서 나오셨다.

평소에 우리들이 '구경 가자'라고 자연스럽게 쓰는 말은 사실은 불교에서 모든 법의 실상을 가르치는 것처럼 '불가'는 우리 민족의 삶에 깊숙이 들어와 있다.

20년 가까이 울고, 부딪치고, 생명조차 포기할 정도로 몸부림치던 나에게 부처님이 주신 최고의 '선물'을 심안의 눈으로 볼 수 있었다는 것은 기적과 같은 일이었다.

흥분하고 들떠있는 나에게 엄마가 말씀하셨다.

"이제 찾은 건 찾은 거고, 너 자신과 약속한 나머지 절은 계속 마쳐야지."

그 말씀을 듣고 나는 들뜬 마음으로 나머지 기간의 절을 마쳤다.

그리고 구경각을 본 그 날, 나는 엄마께 큰절 삼 배를 올렸다.

"엄마, 고맙습니다. 나를 이만큼 이끌어 주셔서 고맙습니다."

그리고 이미 같은 생에 안 계시지만, 마지막까지 한량없는 자비를 베푸셔서 그 강렬한 눈빛으로 언젠가는 알 수 있게끔 '구경'으로 인도해 주신 성철 큰스님께도 허공을 향해 삼배를 올렸다.

*인연따라

인연따라 놀고
인연따라 차 마시고
그리고 그 인연마저 놓아버리니
이미 시방법계 속으로 되돌아온다네.

여기에는
삶과 죽음도
관여할 일도 아니니
한가히 시방법계를 지나가는
시간만 구경할 뿐.

*5차원의 세계

5차원의 세계는 절대 현실세계이다.
절대 현실은 원래의 자리로 돌아가는 세계다.
5차원에 대해서 설명하자면,

1차원은 바로 눈에 보이는 세계
2차원은 벽 속의 세계
3차원은 벽을 뚫고 지난 공계의 세계
4차원은 시간과 공간이 함께하는 세계
5차원은 시간과 공간에서 다시 1차원으로 돌아오는 절대적인 것이다.
이와 같이 수행으로 설명하면,

1차원은 우리 눈에 보이는 현실의 세계(평범한 범위)
2차원은 내공의 세계(단전으로 인한 내공)
일반적으로 여기까지 오기가 힘들다. 망상없는 내공까지 되기가 쉽지 않다.
그러나 참선은 망상 없는 내공, 즉 지금부터 참선의 시작점이다.
망상을 제거하면서 화두로 말이다.
3차원은 외공의 세계(단전을 넘어선 자리)
여기에서부터는 편안한 상태가 지속되면서 무한한 내 외공의 공간의 세계다.

4차원은 시방의 세계다

이것은 시방법계와 공존한다.

견성직전의 세계라고 할 수 있다

5차원은 구경각이 되면서 절대 현실, 즉 평범한 1차원으로 되돌아온다.

또 다른 방법으로 설명을 하자면,

1차원 : 우리가 살고 있는 여기자리에서 생활하고 있다가
2차원 : 우리나라 안이 궁금해서 여행을 떠나다보니
3차원 : 세계를 알고 싶어지고 세계정상 여행을 떠난다.
4차원 : 세계에서 우주공간으로 무한의 연속을 발견하면서
5차원 : 문득 자신의 위치를 바로 쳐다보는 구경각이 되면서
      처음의 1차원으로 돌아와 여생을 조용히 자기 스스로에 귀의하는
      것이다.

그래서 나는 현재가 절대적인 5차원의 세계라고 강조하고 싶다.

99 정신대(여인수난사) / 162×130 / 한지에 수묵 / 1999년 작

장애도 하나의 축복

다른 날보다 한 시간 일찍 일어나서 정갈하게 몸단장을 하였다.
서울 가는 기차 시간에 맞추려면 한 시간 먼저 서둘러야 천 배를 마치고 갈 수 있기 때문이다. 서울 가는 기차 시간에 맞추려면 그렇게 해야 했다.
세상은 푸른빛에 쌓여 있고 나는 공기의 일부처럼 절을 하기 시작하였다.
1시간 30분 동안 나는 아무 상념 없이 절을 하였다. 거울 같은 마음속으로 자연스럽게 떠오르는 기도를 하면서……
그 기도는 마치 물 위에 떠오르는 달빛이나 나무그림자 같은 것이다. 저절로 떠오르는 것. 시간이 지날수록 조금씩 내 몸을 채우는 열기들……
마치 세포들이 하나씩 살아나는 느낌, 또한 동시에 그 반대로 내가 비워지는 것을 느낄 수 있다.

절을 할수록 손과 발, 다리, 배 등 몸 전체가 따뜻하게 되고 반대로 머리는 차고 맑은 산 속 공기를 마시듯 매우 청량해짐을 느낀다. 마치 이마 정수리 부분에서 시원한 솔바람이 나오는 듯한 기분이다. 그래서 땀은 흐르게 되지만 호흡이 편안하게 이어지기 때문에 힘들다고 느끼는 것이 아니라 점점 머리가 맑아지고 몸은 따뜻하면서도 개운해 지는 것을 느낄 수 있다.

그래도 이렇게 한 시간쯤 일찍 일어나서 해야 하는 날은 문제도 아니다. 며칠 절을 못할 것이 예상되는 스케줄이 생기면 미리 며칠에 걸쳐 못하게 되는 절을 한다. 하루에 얼마씩 더 보태든 빠지게 되는 부분을 미리 채우는 것이다.

아주 드문 일이지만 나는 그렇게라도 매일 절을 천 배씩 했다.

22년 동안.

운동의 가치와 중요성이 부각되는 요즘, 많은 사람들이 헬스장을 찾거나 다른 운동 한 가지쯤은 하려고 노력한다. 나는 새삼 그러지 않아도 된다.

내게 매일 천 배는 그 어떤 운동보다 훌륭한 운동이니까.

절은 내게 밤이 지나면 찾아오는 아침 같은 자연의 질서처럼, 잠이 깨면 눈이 떠지는 육체적 습관처럼 하루도 빠트리지 않고 하게 되는 의식이다. 어떤 상황에서라도 최소한 108배씩 나누어서라도 했다. 그 정도는 못할 날이 있을 수가 없다.

절을 내 삶 속에 가질 수 있어서 고맙다는 생각을 한다. 어렸을 때는 진저리를 치기도 했지만 말이다. 그리고 절을 할 수 있었던 가장 큰 이유는 역설적으로 내가 장애인이었기 때문이라고 생각한다.

홍익대 미술대학원 수료, 국전에서 입상한 화가, 작가의 집 운영, 사람들은 나에게 박수를 보낸다. 그런데 박수의 이유에는 그 모든 것을 해낸 사람이 장애인이기 때문에 더 세게 박수를 보내는 것임을 나는 안다.

가끔은 그런 이유가 싫다.

'장애인이라서'라는 단서가 붙지 않고 어떤 행위 자체가 온전한 이유가 되어 박수를 받고 싶다면 아직 내가 욕심으로부터 벗어나지 못해서일까. 아직도 나 자신을 인정하고 받아들이지 못해서일까.

그렇지만은 않다. 나는 이제 진심으로 나를 인정하고 받아들인다.

나를 만나면 대부분의 사람들이 이렇게 말한다.

"생각했던 것보다, 반듯하네요. 말할 때만 안면 근육이 조금 움직일 뿐이지 말하지 않고 가만히 있을 때는 전혀 아무 티가 나지 않아요."

이런 말을 들을 때 마다 나는 그동안의 나의 노력으로 간절하게 또 하나의 나의 삶을 탄생시키는 결과로 생각한다.

어릴 때 아무런 희망이라는 정답을 알 지 못했던 시절에 천천히 많은 세월동안 절을 통해 장애를 극복한 뒤로는 달라졌다. 생각만이 아니라 마음으로 나를 받아들이고 인과를 인정하고 인생의 유한함을 깨달음으로써 내 몸의 장애가 더 이상 내 삶의 장애가 되지 않는다는 것이다.

오히려 장애가 나에게 축복이었다는 것을 깨닫게 되었다.

생각해보면 내가 장애가 있었기에 계속 절에 매달릴 수 있었던 것이고 그리하여 부처님의 말씀을 깨달을 수 있었다. 장애 때문에 친구들과도 어울리지도 못하고 대신 목숨을 내놓고 절을 하며 인내했기 때문에 오히려 장애를 벗어던질 수 있었다. 그러니까 사실 하늘이 준 최대의 단점이 오히려 최고의 장점으로 작용한 것이다.

요즘 들어서는 가끔 엄마도 이런 말을 하신다.

"나도 젊고 아리따운 시절에는 엄청 하늘을, 내 운명을 원망했다. 얼마나 원망이 심했으면 내가 만약 죽는다면 무서운 지옥에 갈 작정을 하고 조물주가 있다면 조물주 양쪽 뺨을 갈겨주고 싶었단다. 남들은 어릴 때부터 좋은 환경을 주고, 결혼하면 좋은 남편도 주고, 또 아들 딸 잘 낳아서 행복하던데 아들 없는 건 그렇다 치더라도 딸이라도 미스코리아처럼 예쁜 놈을 끼워 주던지, 둘 가운데 그것도 덤이라고 장애를 하나 끼워주다니……

그때만 해도 너를 본 사람들은 하나같이 희망이라고는 찾아볼 수 없을 정도로 기가 막힌다고 했을 정도니, 원망스럽고 한심스러워 늘 가슴이 답답했다. 거기에다 돈도 없어서 살아가는 것조차 힘들었고, 정말 운명을 관장하는 존재가 있다면 가서 시쳇말로 맞짱이라도 뜨고 싶었다. 하지만 세월이 지나고 지금 생각해 보면 신은 참 공평했다고 생각한다.

왜냐하면 좋은 환경과 좋은 남편이 있었다면 내 성격에 기고만장해서 옆의 모든 사람들이 피곤했을 거고, 또 아들이 있었으면 자기 아들만 생각하는 못된 시어머니가 됐을 거고, 미스코리아 같은 딸이 있다면 아마도 결혼하면 딸이 잘 생겼다 보니 사위나 시집 식구들이 피곤할 거고, 아마 나를 하나의 인간, 사람다운 사람을 만들려고 이런 환경을 주었다는 생각이 든다."

엄마 말에 나도 동감한다.
내가 만약 장애가 없었다 해도 내가 이 자리까지 왔을까?
나이를 먹을수록 알 수 없는 인연의 조화에 대해, 알 수 없는 '숨은 그림 찾기'에 대해 다시 한번 생각해 보고 나 자신을 바라보게 되었다. 그리고 그 모든 것은 절을 통해 이루어졌으며, 내가 그렇게 절 수행을 하나하나 실행할 수 있는 것도 큰 행운이라고 생각하고 있다.
장애 때문에 생겨난 육체적, 정신적 병을 낫게 해준 것이 내게는 바로 절이었던 것이다.
병을 앓고 있을 때 병명을 알았으면 병을 낫게 할 수 있는 약이 가장 중요하다. 불교에서 말하기를 우리는 업, 윤회, 선과 악 등 여러 가지 울타리에 쌓여있다. 그리고 그러한 울타리를 벗어나는 방법 중 하나가 절이라고 생각하고 싶다.
절이란 무엇일까?
절은 '저절로'의 준말이다. 또 다른 말을 빌리자면 '그대로'이다. 우리 일상에서 흔히 들을 수 있는 말 중에서 '일이 저절로 된다.'는 말이 있는데 그냥 생각한대로 된다는 뜻으로 '절'에서 나온 말이다.
그런데 실제 인간 세상에는 무엇인가가 '저절로' 되는 경우는 드물게 나타나는 게 사실이다. 왜냐하면 '업'에 가려져 있어서 '마장'이 잘 끼기 때문이다. 이 마장은 모든 일, 심지어 고도의 수행 자리까지 따라다닌다. 그 '마장'이라는 빚을 갚기 위한 가장 빠른 길이 바로 참회(절)하는 방법이다.
절을 하면 몸과 입과 뜻, 3가지 요소의 참회가 포함된다. 몸을 조복시키고 입으로는 부처님 명호를 외고 그리고 부처님 생각을 하면서 말이다.

사실 따지고 보면 우리는 몸으로 인한 인연 때문에 많은 죄업을 쌓는다.

배고프면 먹기 위해서, 추우면 입기 위해서, 더우면 시원하게 하기 위해서, 몸으로 인한 욕망과 자손을 위해서 등등, 이렇게 몸 때문에 짓는 여러 가지 죄업은 곧 '살기 위해서'라고 표현해도 적절할 것이다.

이 세상에서 아무리 착하게 잘 살았다 해도 윤회를 벗어나기 힘들다. 윤회의 고리를 벗어나기 위한 참회와 수행의 최고의 길은 자기 자신을 잘 다스릴 줄 알아야 된다고 생각한다. 자기를 잘 다스릴 줄 모르는 사람이 어떻게 성불할 것이며 남을 다스리겠다고 할 것인가.

이러한 수행과 참회방법이 전부다 포함되어 있는 것이 바로 절이라고 본다.

절의 기본은 바로 나 자신을 굽힐 줄 알고 남을 존경할 줄 아는 마음이다. 또한 시방법계 부처님과 모든 생명들, 유정무정체에 대한 예의와 삼생의 업에 대한 진실한 참회가 기본원리이다

참회는 삼생의 업을 소멸시키고, 참선수행은 지혜를 가진 하나의 완성된 인격자가 되기 위함이다.

이러한 절의 궁극적인 목적 외에 부차적인 이유를 설명하라고 한다면 절을 하게 되면 마음이 항상 편안해서 날마다 좋은 날이 되기 때문이라고 말하고 싶다. 또 내가 원하는 삶을 실천에 옮겨서 잘 적응하고 살 수 있는 힘을 주는 것 같다. 만약 만 배 백일기도하는 마음가짐으로 사회생활을 하면 모든 생활에서 최선을 다하게 될 것이고

자신이 원하는 바를 이루게 될 것이다.

이런 말이 있다.

'백팔 배를 삼 년 하면 먹을 것을 준다.'

이 말은 정말 먹을 것을 갖다 준다는 뜻이 아니라 그 정신으로 살면 자신의 목표를 이루게 되어 재물도 모을 수 있다는 뜻이다.

나는 20년 넘게 절을 하면서 몸부림 친 결과, 심한 뇌성마비였던 내가 보통의 또래들의 사고(지능)를 가지게 되었고, 보통의 문화를 접하게 되었고, 외적으로도 구별하지 못할 정도로 내 또래로 돌아온 것이다.

결과를 놓고 보니 간단해 보이지만, 20년 동안 그 업보를 바르게 하기 위해 참으로 많은 시간과 의지가 필요했다.

세 번째 만 배 백일기도

두 번째 만 배 백일기도가 끝난 뒤 엄마는 이렇게 말씀하셨다.
"사실 네가 구경각을 경험할 때까지 다섯 번이 됐든 열 번이 됐든 계속 백일기도를 시키려고 했다. 내가 널 위해서 뭔가 해 줄 수 있는 능력은 점점 떨어질 테고, 너 스스로 자립을 해야 하니까 말이다."
하지만 내가 '구경'을 보았기에 엄마의 마음속의 의무는 끝났다고 하셨다.
"아휴, 큰일 날 뻔 했네."
그때는 웃으면서 그렇게 대답했지만 혼자 곰곰이 생각해 보니 여러 생각이 떠올랐다.
그동안의 나를 이렇게 만들어 준 시방법계에 계시는 제불보살과 과거, 현재, 미래 삼세의 모든 인연들에 대한 감사와 기쁨을 드려야 한다는 생각과 차분하고 진실하게 스스로를 관조해 보고 한 번 더 '구경'이라는 과정을 확인하고 싶다는 생각이 들었다. 그런 이유에서 처음으로, 엄마의 권유가 없이 나 스스로 만 배 백일기도를 해야겠다고 결심하게 되었다.

앞으로는 사회생활도 해야 하기 때문에 다시 기회가 없었을 같았고, 한다면 이번 생에서는 마지막 만 배 백일기도가 될 것 같았다.

그리하여 1997년 1월 20일에 세 번째 만 배 백일기도를 시작하게 되었다.

그것은 지난날의 감사와 모든 은혜를 시방의 모든 생명들에게 환원하는 회향의 절이었다.

세 번째 백일기도 때에는 엄마의 도움은 받지 않아도 되었다.

엄마도 나의 식사시간을 챙겨주는 것을 제외하고는 자유롭게 밖에 볼 일도 보러 다니셨다.

또다시 나의 만 배 백일기도는 고통 속에서 시작되었다. 하지만 앞에 두 번 때와는 사뭇 달랐다. 이제 고통은 자유를 향한 고통이었다.

절을 하면서 항상 느껴왔던 것인데 불교는 운명에 순응하는 종교가 절대 아니다. 운명을 스스로 박차고 개척하고 자기가 원하는 삶을 살도록, 즉 자기의 의지대로 살도록 제시를 해 준 것이다.

어떤 사람을 두고 흔히 좋다는 표현으로 '부처님 반 토막' 같은 사람이라고 한다. 부처님이란 많은 사람에게 열심히 하면 누구든 부처가 될 수 있다고 가르쳐주러 온 사람이다. 그만큼 수행하면 모두가 그대로 될 수 있다고 하는 우리의 '선배'일 뿐이다. 우리는 수행을 하려고 하는 '후배'이고 말이다.

만약 부처님이 이 세상을 지배하고 절이나 받으려고 세상에 나왔다면, 옛날 어느 유명한 선사가 '방망이로 때려죽이겠다.'고 한 말이

일리가 있다. 또 예수님이 다시 재림한다면 권위를 내세우는 과거의 교황처럼 거룩한 자리에서 그렇게 거룩하게 보이게 지냈을까? 하는 그런 생각도 해 봤다.

부처님이나 예수님이 다시 이 세상에 태어난다면, 아주 밑바닥에서 희망을 잃어버린 사람들 사이에 계시면서 그들에게 희망을 주고, 또 사람다운 사람으로 살아가도록 인도할 것이다. 그들이 정신적인 방황을 끝내고 인간성 회복을 할 수 있도록 당신 스스로가 아주 낮은 곳에서 계실 것 같다.

내 스스로 다시 선택한 세 번째 만 배 백일기도는 앞에 두 번과는 다르게 진행되었다. 물론 힘들고 고통스러웠지만 그것을 대처하는 나는 달라져 있었다. 처음부터 끝까지 화두도 계속 잡고 있을 수가 있었다. 이때부터는 화두 자체가 곧 구경각이 바로 되어서 추호의 의심도 없는 영원한 무대를 보게 되었다. 해, 달 우주, 별 그리고 또 하나의 지구는 나보다 나이가 많다는 걸 알게 되었고, '나' 라는 몸은 생체로써 언젠가는 보통 사람처럼 지, 수, 화, 풍 으로 돌아가지만 마음자리만은 영원 불성이라는 것을 알게 되었다.

운명을 바꿔보겠다고 덤비며 시작한 만 배 백일기도는 그러나 세 번의 과정을 거치면서 운명이 아닌 진정의 참 나를 찾음으로써 세상을 보는 나의 마음과 몸을 바꾸어 놓았던 것이다.

제4장 내 인생의 주인공

절을 통해 나는 희망을 보았다.
세상에 나와 보니 그 희망은
사람 속에서 더욱 빛이 난다.
나는 그 아름다운 깨달음을 이제야 얻게 되었다.
사람 속에서 나는 온전하다.
그리고 사람과 어울려 일하고 노래하고
나누는 것이 무엇보다도 행복하다.
그 희망과 행복을 갖게 한 것은 바로
내 몸을 낮추는 절이었다.
절은 나를 낮추기도 하지만
또 나를 우뚝서게도 만들어준 지혜이며 자유였다.

새로운 인생을 위하여

만 배 백일기도를 세 번 하고 난 뒤 나는 좀 더 구체적인 모습으로 사회 속에서 살아야겠다는 생각을 했다.

이제 마음의 준비가 끝났으니 무엇을 하고 살 것인지, 현실적인 희망을 이루기 위한 준비를 해야 했다.

그 준비는 당연히 그림 그리기에 다시 열중하는 것으로 시작되었다.

만 배 백일기도를 해냄으로써 자신을 설계할 수 있는 불교적 에너지를 가지게 된 내가 현실 생활에서 그것을 발휘하며 새롭게 살아가려면 무언가 매달릴 것이 필요했고, 그것은 바로 그림이었다.

대학 2학년이던 95년에 나는 '무제'라는 제목의 100호짜리 그림으로 대한민국 미술대전에서 입선을 했지만 그 뒤로는 1년이 넘도록 만 배 기도에 매달려 있었기 때문에 그림은 뒷전으로 물러날 수밖에 없었다.

조금은 망설여지고 두렵기도 했지만 엄마의 격려에 힘입어 그림과의 사랑과 교감을 다시 만들어가고 있었다.

가장 먼저 한 일이 '홍대 미술대학원 현대미술 최고위과정'에 들어간 것이었다. 그곳에서 그림도 배우고 감각도 익혔지만 무엇보다도 좋은 사람들과의 교분과 고급의 사회적 환경에 함께할 수 있어 더욱 내게 소중한 시간이었다.

그 때가 98년 가을학기였다. 그곳은 쉽게 말하자면 일반 대학의 최고 경영자 과정과 비슷한 것으로 홍대는 그림전공 최고위과정이었다.

그때부터 내 인생은 새로운 세계에서 새로운 모습으로 펼쳐나가기 시작했다.

나는 함께 강의를 듣는 분들 중에서 가장 나이가 어렸지만 멋지고 매너 좋은 분들과의 수업이 그렇게 유익하고 즐거울 수가 없었다. 가끔 호텔에서 조찬모임을 통해 유명 교수님들과 화랑 실무자들에게서 강의를 들을 때도 있었는데 모든 것이 내겐 새롭고 신기하고 영양분이 되는 시간들이었다.

학점제는 졸업 전공이 다른 경우 전공과목 60학점을 따면 미술학사 수료를 인정받는 제도가 있었다. 학점이수를 할 때 열다섯 명의 인원이었는데 엄마 나이 또래도 계시고 언니 같은 사람도 있었다. 내가 제일 어려서 예쁘게 봐주었는지 여러 가지 실수를 해도 다들 이해를 많이 해주고 자료도 서로 주고받으며 즐겁게 수업에 임할 수 있었다.

시간이 갈수록 점점 사회생활에 자신감이 생겼다. 생각보다 나는 잘 적응해나갔고 아주 조금씩 사회 속에서 변해가고 있었다. 혼자만의 생활에서 사람들과 어울림의 세계로 한 걸음씩 한 걸음씩 기분 좋게 입장하고 있었던 것이다.

그곳에서 강의를 듣고 보고 느끼면서, 나는 다시금 홍대 미술대학원에 들어가야 되겠다는 열망을 가지게 되었다. 그래서 착실하게 미술 학점 이수를 시작했다. 천천히 한 걸음씩 미래를 위한 준비를 시작한 것이다.

언젠가 엄마는 나에게 이런 말을 주셨다.

"경혜야. 너 자신에게 이 세상에서 가장 소중한 주인공은 바로 네 자신이야. 나도 나 자신에 있어서 내가 가장 소중한 주인공이고. 자연이라는 상주불멸한 대 무대에서 사람마다 소중한 주인공이란다. 그런데 많은 사람들이 자기가 잠시 머물다 가는 여기에서 자기 자신을 스스로 소중하게 생각 안하더라. 자기 자신이 있으므로 영원한 무대인 자연도 배경이 되는 거지, 자기 자신이 없으면 그것도 없는 거란다. 너는 인생이라는 무대에서 나의 보조로 태어나지 않았고, 나 역시 인생이라는 무대에서 너의 보조로 태어나지 않았다. 우리는 각각 독립된 개체잖아. 다만 인연이 되어서 동고동락하고 서로의 입장이 되어 의견을 들어주고 하는 거지만, 결코 너는 내가 될 수 없고, 나도 네가 될 수 없어.

나는 네가 너 스스로의 주인공이 되어 살기 바란다. 진짜 주인공인 너 자신을 잘 관조해서 자동차와 같은 몸으로 세상 사람들과 잘 어울리면 된단다. 우리의 마음이 자동차 운전자라면 우리의 몸은 자동차와 마찬가지란다. 자동차는 쓰다가 시간이 지나면 이쪽저쪽 고

장이 나서 고쳐 써야 하고 결국에는 폐차장으로 버려지고 새로운 자동차를 하나 사잖아? 운전자는 하나지만 자동차는 바뀔 수 있는 거야. 그러니 우리의 몸은 지금 이곳에선 이런 모습이지만 다음 생에서는 어떤 모습일지 모르는 거야. 그렇다고 자동차를 바꿀 수 있다고 함부로 하지 않듯 지금의 우리 몸을 소중하게 여겨야 하지. 이제는 거의 다 나았지만 아직 미세하게 장애가 남아있는 너의 몸도 이 세상 마칠 때까지 가지고 다녀야 될 소중한 거란다. 너는 네 인생의 주인공이 되어 세상을 바라보고 살아가면 된단다."

엄마의 말처럼 이제 나는 내 몸을 내 인생의 주인공이 되어 사랑하고 가꾸기로 하였다. 떳떳하게 사회에서 사람들 사이에 내놓고 사랑하기로 하였다.

절한다고 친구들과 어울릴 기회도 많이 없던 나에게는 홍대 학점은행이 그렇게 희망적일 수가 없었다. 사람의 외모보다 사람들의 내면을 볼 수 있는 마음의 눈을 가진 것이 스스로에게 고마웠다.

가끔 사회생활이 서툴러 나 스스로 결정을 잘못 내려서 좌충우돌하면서 부딪힐 때도 많았지만 여전히 즐거운 날들이었다. 그림에 대한 열망과 대학원에 가고 싶은 희망 때문에 학점제 수업은 날마다 새롭고 재미있었다.

하루하루 빠지지 않고 천 배는 계속하고 그리고 홍대 미술교육원으로 직행해서 학점 수업을 받고 그리고 가끔씩 인사동 화랑에서 그림 전시회를 관람하고, 이렇게 나는 차츰 차츰 사람들 속에서의 생활에 자연스럽게 적응이 되었다.

그즈음에 또 다른 변화가 우리 식구에게 찾아왔다. 엄마가 드디어 오랜 회사생활을 그만두신 거였다.

  엄마 아빠의 역할을 혼자 다 해내셨던 엄마가 이제 경제활동을 접게 되신 거였다.

  장녀인 나로서는 이제 내가 엄마를 부양해야겠다는 생각에 걱정도 되었지만 아직은 시간이 좀 필요한 일이라서 여유를 두고 생각해 보기로 했다.

  어쨌든 엄마의 건강을 생각해서는 잘 된 일이었다. 사실 엄마는 건강이 안 좋으셨다. 나를 낳고 난 후부터 신장이 안 좋다는 것을 알았지만 의료적인 치료를 받지는 않고 참선과 절로서 여태껏 꾸준하게 몸을 관리해 왔기 때문에 별 탈이 없었다. 그런데 몇 년 전부터 다니던 직장에서 과로하며 무리를 해왔다. 쉴 시간이 없었던 것이다.

  그 때부터 얼굴이 퉁퉁 붓는 횟수가 조금씩 늘어나면서 걱정이 되기도 했는데 때마침 사회적인 경기침체와 맞물려 그 참에 회사를 그만두고 엄마의 나름의 시간을 갖게 되었다.

  엄마의 건강을 생각하면 잘 된 일이지만 이제 내가 좀더 심각하게 내가 앞으로 해야 할 일을 생각해야 할 시기가 온 것 같았다.

  회사를 그만 다니게 된 엄마는 얼마 동안 집에서 쉬시더니 드디어 새로운 일을 계획하시고 실천하셨다. 엄마다운 일이었다.

  엄마는 끝까지 나를 위해 무엇인가를 하시는 분이었다.

  엄마가 계획한 일은 바로 진영에 자리 잡은 '작가의 집' 이었다.

  나와 엄마의 새로운 인생이 펼쳐지고 있는 '작가의 집' 을 구상하고 건축하기 시작한 것이다.

히말라야 트레킹

나는 늘 새로운 도전을 꿈꾼다.

무엇인가에 도전하고 있을 때 나는 살아 있음을 느낀다.

엄청난 에너지를 쏟아 부어야 했던 히말라야 트레킹은 역설적으로 삶의 에너지를 충전시켜주는 도전이었다.

정상인들도 성공하기 쉽지 않다는 히말라야 트레킹, 하지만 나는 도전했고 그리고 성공했다. 프로그램을 기획한 방송국에서도 성공을 반신반의했고, 특히 실제 트레킹이 시작된 뒤에는 스태프들이 한결같이 걱정하였지만, 나는 결국 히말라야 트레킹에 성공했다.

2000년 12월, 나는 여전히 학점을 따기 위해 학교에 가서 수업을 들으며 지내는 시절이었다.

그러던 어느 날 MBC 방송국에서 느닷없이 히말라야 등정에 참여해보지 않겠느냐는 제안을 해 왔다. 그 다큐멘터리 프로그램에는 김소영이라는 언니가 함께 있었다.

소영언니는 97년 하이텔에 있는 장애인 동호회였던 '두리하나'에서 처음 만났다.

하얀 얼굴에 목소리가 예쁜 언니는 중학교 3학년 때 눈이 나빠져 병원에 찾아갔는데 청천벽력 같은 소리를 들어야 했다. 언니에게 내려진 병명은 망막색소결핍증이었다. 그것은 점점 시력이 떨어져 가는 것으로 결국에는 시력을 잃게 되는 병이다. 이제 30센티미터 정도밖에 보이지 않아 시각장애인 1급 판정을 받은 언니와 나는 장애인 동호회였던 '두리하나'에서 유난히 대화가 잘 통해 금방 친해졌다.

날 때부터가 아니라 살아가면서 얻은 장애가 더 힘들 수 있는데 언니는 죽고 싶은 마음을 이겨내고 잘 극복하며 살아가고 있었다. 연극을 하는 언니가 참여한 작품이면 난 꼭 보러 갔고, 언니는 내 작품이 전시되는 전시회는 빠트리지 않고 찾아 주었다. 우리는 서로를 격려하면서 서로의 아픔을 보듬어가는 사이였다.

언니가 여러 매체와의 인터뷰에서 '히말라야'에 가고 싶다는 말을 자주 했고 결국 MBC 방송국에서 신년특집 프로그램으로 히말라야 트레킹을 다큐멘터리로 만들자고 제안한 것이다.

소영언니의 평소의 꿈이 이루어지는 것이라 선뜻 승낙을 하기는 했지만 걱정이 이만저만이 아니었다. 함께 나설 동반자로서 적임자가 바로 나였던 것이다.

그렇게 하여 소영언니와 나는 히말라야 트레킹을 가게 되었다.

앞이 거의 보이지 않는 소영언니의 가이드 역할과 함께 나는 더욱 책임감이 무거웠지만, 뜻밖의 여행에 어제나 그랬듯이 나는 즐겁게 이 여행에 나서기로 했다. 오히려 편안히 관광하는 그런 여행이 아니

히말라야 트레킹 일정 중 '남체'에서 내가 올라야 할 설산을 배경으로 찍었다. 정상을 향해 가는 시간들이 마치 인생의 여정처럼 오르막과 내리막의 길로 이어졌다.

라 내 몸과 정신의 한계를 실험하는 도전의 의미를 지닌 것이라 더욱 기대되었다.

하지만 결코 즐거운 여행만은 아니었다. 힘들 것이라 상상은 했지만 그 상상이 얼마나 어긋난 가벼움이었는지 곧 깨닫게 되었다.

2000년 12월 14일, 소영언니와 나는 가족들의 배웅을 받으며 우리를 기다리고 있을 네팔을 향해 떠났다. 홍콩에 내려 네팔 카트만두행 비행기로 갈아타고 구름 위를 날아서 카트만두에 도착한 시각은 우리나라 시간으로 11시 50분이었다. 우리나라를 떠나 하루가 넘게 날아간 것이다.

비행기를 타고 오는 동안 소영언니의 시력이 저번에 만났을 때보다 또 더 나빠진 것을 느낄 수 있어 안타까움과 책임감이 더 깊어졌다.

카드만두 공항은 시골다운 분위기를 풍기는 듯하지만 뭐라 표현할 수 없는 특유의 향을 뿜고 있었다. 바닥엔 흐린 적색과 흰색이 혼합된 대리석이 깔려 있었고 나무로 지은 면세점이 특이했으며 비자 만드는 곳까지 있고 생각보단 꽤 붐비고 컸다.

그런데 공항으로 나오니 웬 도깨비 시장이 여기 있나 싶었다. 애들이 1달러짜리 홍콩화폐를 보이며 달라고 쫓아다니지를 않나, 없으면 코인이라도 달라고 쫓아다니지를 않나, 정신이 없었지만 서글프고 불쌍한 생각이 교차되면서 한 순간 그들이 다시 태어날 때 다른 삶을 살게 되기를 기도하면서 저절로 주머니로 손이 갈 수밖에 없었다.

가이드들은 아이들에게 아무것도 주지 말라고 했지만 '스윗, 마담.' 하면서 애절하게 달라붙는데 도저히 그냥 지날 칠 수가 없었다. 그래서 달러에 사탕을 싸서 하나 주었더니, 다른 애들이 차창밖에 붙어선 채 또 달라고 해서 사탕 한 움큼을 쥐어주고는 줄달음을 칠 수밖에 없었다.

우리가 네팔에서 본 첫 풍경은 바로 '파슈파티나스 화장터' 였다.

목적을 위해 투쟁하고 맞서는 우리의 열정이나 도전과도 같은 격동의 우리 민족과 비교되는 저 화장터의 분위기가 묘한 상징적 풍경으로 연상된 것이 나만의 억지였을까.

15일, 아침을 먹고 히말라야 트레킹을 하기 위해 경비행기를 타고 히말라야로 출발하였다. 안개가 심해 경비행기 출발시간이 지연되었

히말라야 트레킹의 목적지인 칼라파타르 정상을 오르기 전 나는 산을 올려다 보며 그동안의 절수행으로 닦여진 내 몸의 한계를 시험해 보고 싶었다.

는데 그곳 사람들은 아무도 조바심을 내지 않고 느긋했다. 버스 출발 시간이 조금이라도 지체되면 대번에 난리를 치는 우리나라 사람들이 생각났다.

루크라 행 경비행기에 탑승한 사람들은 우리 일행을 빼고는 모두 스님들이었다. 탑승인원은 17명이었는데 신기한 것은 기차처럼 사람을 내리고 태우는 역이 있다는 점이었다.

첫 번째 역은 라미다아 역이었는데 아까 탔던 스님들이 다 내리고 다른 사람들이 탔다. 들기로는 착륙할 때 바이킹 타는 것 같이 급강하한다고 했는데 기대했던 것과는 다르게 실제로는 아찔함을 느낄 수 없을 정도로 시시했다. 경비행기를 타고 가는 느낌은 마치 포장이 안 된 길을 달리는 버스를 탄 것처럼 온몸에 진동이 느껴졌다.

드디어 목적지인 루크라에 도착하여 점심식사를 하였다.

네팔에 왔으니 네팔 음식을 먹어 보려고 했는데 유럽인들이 많아서인지 스파게티며, 별게 다 있었다. 육류로는 염소, 물소, 치킨이 있다고 해서 나는 만만한 치킨을 시킬 수밖에 없었다.

점심을 먹고 난 후 드디어 산행이 시작되었다. 히말라야 입구에 해당하는 루크라는 ,2842m로 내리막이었지만 시작부터 만만치 않았다. 소영언니는 오로지 나와 가이드만 믿고 갈 뿐이어서 더 마음이 긴장되어 있었다. 우리의 목적지는 히말라야산맥 가운데 칼라파타르 산인데 네팔어로 '검은 돌'이라는 뾰족한 산이었다.

우리는 루크라를 출발하여 불경을 외며 건넌다는 다리가 있는 팍팅(2,600미터)을 향했다.

5시간 정도 걸었을까 다리는 별로 아프지 않았지만 땀이 나서 모자가 다 젖어왔다. 날씨가 무척 덥기 때문인데, 땀을 그리 흘리니 당연히 몸이 쉽게 지쳤다. 출발 때부터 이번 트레킹이 만만치 않을 거 같은 예감이 들었다. 무슨 암벽이나 등반이 아니고 트레킹이니 걷기만 하면 될 줄 알았는데 길도 평지가 아닐 뿐 아니라 돌길로 이어진 것이 심상치 않았다.

"바지 속이 땀에 절었는지 물처럼 흘러내려."

소영언니가 울 듯한 표정으로 하소연을 했다. 언니는 이럴 줄 몰랐다며 벌써 힘들어했다. 그럴 것이다. 앞이 제대로 보이지 않는데 낯선 길을, 그것도 편편한 아스팔트도 아닌 길을 걷는다는 것이 얼마나 힘들겠는가. 아무리 내가 앞에서 이끌어준다 해도 말이다.

어떻게든 언니에게 힘이 되어야겠다는 생각을 하며 난 크게 심호흡을 했다.

5시간 정도의 산행이었지만 첫날부터 산은 내게 가르침을 주었다.

오르락내리락 걸어가면서 마치 오르막길이 있으면 내리막길도 있는 것처럼 산은 꼭 우리네 인생 같다는 생각이 들었다. 산뿐이 아닐 것이다. 자연에 다가가면 다가갈수록 겸손을 배우게 되고 저절로 고개를 숙이게 된다. 그래서 자연을 가까이 하는 사람들은 인자하고 지혜롭다고 하는 것일까.

다음날은 더욱 힘이 들었다.

소영언니는 체력이 달려서인지 시간이 다르게 지쳐갔다. 팍딩에서 점심을 먹고 2킬로쯤 더 올랐을까? 언니는 너무 힘들어하면서 주저앉더니 결국 눈물을 보였다. 나 역시 어제와는 달리 엄청 지쳤지만 눈물을 흘리는 언니를 보니 내 고통쯤이야 아무 것도 아니라는 생각이 들었다.

고개를 무릎에 파묻고 있는 언니에게 다가가 어깨를 안았다.

"언니, 울지 마. 언니가 갈 수 있으면 가고. 아님 쉬자. 언니가 결정해."

그 말을 하는데 나도 모르게 목이 매캐해졌다. 마치 최루탄이라도 마신 듯이.

한숨을 쉬던 언니는 고개를 들고는 "가야지, 갈래." 하면서 희미하게 미소를 지었다. 햇빛에 눈물이 반짝이는데 희미한 미소가 오히려 내 마음을 더 아프게 했다. 하얀 얼굴의 언니는 보기에도 평소 운동을 가까이하지 않는 모습으로 보였다. 거기에다 앞이 보이지 않는 악조건이니 옆에서 보는 우리가 상상하는 것보다 더 힘들 것이라는 것은 짐작이 간다.

"자, 그럼, 다시 출발하자. 언니 힘내!"

그런데 그때부터 길은 계속 오르막길이었다. 숨이 차고 다리가 무겁고 뻣뻣해졌다. 아무 데나 주저앉아 쉬고 싶었다. 하지만 일정을 생각하면 그럴 수가 없었다. 게다가 언니는 너무 힘들어했다. 도저히 걸을 수가 없을 지경이었다. 결국 중간부터 가이드와 포터가 언니를 번갈아가며 업었다.

"미안해요. 내려가는 건 어찌 해보겠는데 올라가는 건 너무 힘들어요."

미안해하며 업혀가는 언니 뒤를 따라가면서 나는 강산에의 '넌 할 수 있어' 라는 노래를 불러 주었다. 언니에게도 나에게도 꼭 필요한 노래였다.

그런데 어느 순간부터인가 머리가 서서히 조여 오더니 점점 더 그 통증이 심해졌다. 더 심해지면 곤란할 거 같아 가이드한테 얘기했더니 바로 고산증세라고 했다.

"모자를 쓰세요. 머리가 추우면 고산증세가 빨리 찾아와요."

가이드인 다와씨가 우리말을 곧잘 해서 참 다행이었다. 거기에다 우리나라 사람들에게 호감을 가지고 있어 편안한 기분으로 함께 산행을 할 수 있었다.

가이드의 조언대로 모자를 쓰고 걸었더니 조금은 덜 한 것 같았다.

길은 그야말로 끝이 없었다. 마치 우리의 인생이 윤회하듯이 그렇게 등반길은 이어지고 또 이어졌다.

그 끝없는 길이 남체로 이어졌고 우리는 남체의 정해진 숙소로 돌아오자마자 언니는 나무토막처럼 침대 위로 쓰러졌다. 저녁도 먹지 못해서 나중에 가이드가 죽을 끓여왔지만 몇 숟갈 먹지도 않고 다시 누웠다. 언니는 정말 힘든 모습으로 그렇게 시체처럼 잠을 잤다.

그날따라 힘들어서인지 우리 음식이 못 견디게 먹고 싶어 가져온 라면과 햇반을 가지고 식당에 내려갔다. 가이드가 라면을 보더니 반가운 기색을 하며 자기가 끓여준다고 했다. 라면을 끓여봤을까, 빙그레 웃으며 건네주었는데 잠시 후 먹게 된 라면은 그야말로 일품이었다. 알고 보니 다와씨는 전직이 요리사였다고 했다.

"나 된장찌개도 잘 끓여요."

"아, 된장찌개. 말하지 말아요. 너무 먹고 싶어요."

후루룩 후루룩, 후후 불어가며 라면을 맛있게 먹는 동안 낮 동안의 힘든 시간들이 어느새 저만치 달아났지만 기운도 함께 빠져나가는 듯 했다.

언니도 함께 맛있게 먹었으면, 하는 마음에 아쉬웠지만 빨리 회복되기를 바랄 수밖에 없었다.

백팔 배를 하고 나도 일찍 잠자리에 들었다. 생각보다 훨씬 힘든 일정이므로 체력관리를 좀더 해야겠다는 생각이 든 것이다.

땀을 많이 흘려 물을 많이 마셔서일까.

자다가 화장실을 두 번이나 갔다 왔다. 언니와 함께.

화장실 가려고 방문을 나서는 순간, 아, 남체의 밤은 그리도 아름다웠다. 그날 그곳에서 본 그 밤은 평생 잊지 못할 눈부시도록 신비로움으로 깃들어 있었다. 짙푸른 하늘빛이며 거기에 박혀있는 별들, 어슴푸레 보이는 설산들. 마치 태초의 순간에 서 있는 것 같았다.

유난히 밝고 빛나는 별빛, 금방이라도 그것들이 쏟아져 내려 온 천지가 반짝일 것 같았다. 나는 깊게 숨을 들이마셨다. 마치 그 맑고 깨끗한 공기로 나를 채우려는 듯, 그리하여 내 영혼의 먼지까지 정화시키려는 듯. 천천히 내 몸 전체가 투명해지는 것 같았다.

모두들 잠들어 적막한 시간에 이 찬란한 아름다운 자연을 느낄 수 있다는 게 참으로 행복했다.

그런데 언니가 화장실 갔다 와서는 몸이 으슬으슬 아프다고 했다. 병이 들려는 것 같아 걱정이었다.

"언니, 어서 푹 자. 그리고 내일 아침은 꼭 많이 먹어. 안 그러면 몸이 더 지칠 거야."

언니는 힘없이 고개를 끄덕이고 눈을 감았다.

모든 게 순조롭게 잘 풀려서 고산병도 없이 언니도 나도 정상에서 마음껏 소리를 지를 수 있게 되기를 간절히 바랬다.

다음날은 산행을 하지 않고 그냥 남체에서 하루 쉬었다. 신체 적응 기간이다.

한국을 떠나오면서 다시 가지기 힘든 귀한 경험이 될 것 같아서 스케치할 간단한 도구를 준비를 해왔는데, 그건 실정을 모를 때의 욕심이었다. 스케치를 할 시간이나 여력이 있을 상황이 아니었다. 전날엔 겨우 스케치를 했는데 펜 선택을 잘못해서 실패하고 말았고 다시 그릴 시간은 없었다.

산행이 없는 날이라 스케치를 많이 해야겠다고 결심했지만 결국 두 장밖에 못했다. 이것저것 구경할 것도 할일도 많았다.

가이드의 안내로 벼룩시장 같은 곳에 가보았는데 초라하지만 바지, 옷, 신발 종류를 바닥에 진열해놓고 팔고 있었다. 그런데 먼지가 많이 묻어서 그렇게 보였을까? 마치 입다가 내다 논 옷 같아 보였다.

시장 안에 천막이 있었는데 그 속에 4명의 애들이 있었다. 티벳에서 10일 걸려 국경을 넘어 왔다고 했다. 사탕을 한 움큼씩 쥐어주니까 답례라며 미숫가루 같은 걸 타 주는데 그릇이 흙먼지 가득인데다가 새까만 손으로 미숫가루를 퍼서 타주는 거였다. 그러나 그 정성을 생각해서 기쁜 얼굴로 맛있게 받아 마셨다. 깨끗한 것도 깨끗하지 않은 것도 결국 변하는 것이며 마음의 차이다. 신라시대 원효대사가 해골바가지에 있는 물을 먹은 것도 다 마음의 차이 아닌가.

여기 사람들은 그런 생각의 관념을 초월한 사람들로 보였다. 나 역시 이번 여행에서만큼은 그런 것들로부터 자유롭고 싶다. 진정 나를 옭아매고 있는 많은 구속들로부터 자유로워지고 싶다.

저녁에는 3일 만에 샤워를 했는데 거의 기절할 뻔 하였다. 옷을 다 벗고 물을 틀었는데 찬 정도가 아니라 얼음물이 쏟아지는 것이다.

주인아주머니 말로는 조금 지나면 따뜻한 물이 나온다고 했는데 결국 미지근한 물밖에 안나왔다. 집에서 샤워할 때가 간절히 그리웠다. 다시 한번 우리가 얼마나 몸에 지배당하고 사는지, 우리 몸이 우리를 얼마나 가두고 있는지 깨달을 수 있었다.

4일째, 상보체(3,750미터)에 도착했을 땐 심한 바람이 또 우리를 막았다. 자연의 힘에 도전하려는, 자신의 영역에 근접하려는 인간에 대한 경고였을까.

　그냥 올라가기도 힘든데 바람을 몸으로 맞으며 걷자니 정말 힘들었다. 편안해지고자하는 몸의 욕구가 점점 강렬해졌다.

　숨이 차오르고 고산증세도 심해졌다.

　우리는 잠시 쉬기로 하고 에베레스트 뷰 호텔에 들러 커피를 마시며 산 정상을 응시했다. 우리의 목적지인 삼각형 꼭대기 부분만 약간 보였다. 보기에는 가까운 거리인데 아직도 먼 길이다. 그래도 눈앞에 고지가 보이니 힘이 났다.

　다시 산을 오르면서 '산'은 '나'고, '나'는 '산'이다. 라는 생각을 자꾸 했다.

　무조건 빨리 가려고 할수록 숨이 차오르고 고산 증세가 나타날 것이다. 자연에 순응하면서 천천히 한발자국 내딛는 것이 결국 내가 산에 오를 수 있는 길일 것이다. 거북이와 토끼가 달리기 경주를 할 때 거북이가 이기는 이치랑 똑같다.

　손발이 저리고 몸이 무거운 건 차치하고 숨이 차서 몹시 힘들었다. 내가 이정도이니 소영언니는 어땠을까. 언니가 견딜 수 없을 만큼 힘들어할 때마다 포터가 업고 갔는데, 참 놀라웠다. 사람을 업고 지치지도 않는지 또 얼마나 빠르던지 내가 포터를 따라 가다가 지칠 뻔했다.

　몸을 혹사하고 육체와 정신의 한계를 실험하는 것은 만 배 백일기도로도 충분했고 또 매일같이 천 배를 해오면서 단련된 몸인데 왜 이리도 힘이 드는지 또 왜 스스로 이리 힘든 도전을 했는가, 싶으면서 솔직히 그만 두고 싶은 생각이 한 순간 들기도 했다. 하지만 그럴 수는 없었다. 그런 유혹을 느끼는 나를 발견하게 되면 나는 더 힘을 주고 걸음을 옮겼다.

그리고 때맞춰 언니와 내게 영양제가 투입되었다. 각자 엄마와의 전화 통화가 바로 그것이다. 점심 때 엄마랑 통화를 한 것이다.

"여보세요."

엄마 목소리가 전화선을 타고 내 가슴속으로 들어왔다. 순간 온몸이 뜨거워졌다.

"엄마? 엄마!"

엄마 목소리를 들으니까 너무 좋고, 지금까지 힘들었던 게 복받쳐 올라 왈칵, 눈물이 쏟아졌다.

그런데 우리 엄마는 역시 우리 엄마다웠다.

"스케치 많이 하고 있어요?"라는 게 첫 인사였다. 몸은 어떠냐고, 아픈 데는 없느냐는 게 아니었다.

"엄마, 스케치 못했어요. 시간이 없어서, 생각보다 너무 힘들어서 못해요."

엄마와 나의 거리를 인식해서인지 나도 모르게 자꾸 수화기에 대고 소리를 지르고 있었다.

"못하면 어떡해요? 해야지!"

"내가 가서 다 얘기해 줄게요. 엄마."

"힘들어도 몸 아끼지 말고 열심히 하세요."

엄마는 끝까지 몸조심하라는 말보다 나의 할 일을 지적해 주셨다. 내가 누구이고 내가 어디에 서 있는지 항상 체크하라고 말하는 우리 엄마. 나도 모르게 눈물을 흘리고 있었지만 에너지가 충만되는 것 또

한 느껴졌다.

사실 힘들지 않느냐고, 걱정하는 말을 하셨다면 그렇잖아도 힘들어서 평계를 찾고 있던 내가 무너졌을지도 모른다. 고통 앞에서 흐려지는 정신을 엄마는 역시 두드려 주셨다.

엄마란 존재는 그런가 보다. 함께 하든 함께 하지 못하든 늘 자식에게 힘이 되어주는, 그러면서도 목소리만 들어도 가슴이 뭉클해지는 애틋해지고 그리움이 출렁이는 존재. 이 세상에 엄마와 자식이라는 관계만은 숭고하고 깊은 것은 없다고 생각한다. 그것은 마치 우주의 질서와 같다. 신비하고도 강력한 힘으로 서로의 위치를 지켜나가는.

엄마들의 목소리로 기운을 차린 우리는 서로 열심히 해보자고 위로를 하면서 다시 길을 나섰다.

'그래, 해보는 거다. 고산증이든 바람이든, 가파른 자갈길이든 우리를 막아보려면 막아봐라, 우린 성공해야 하는 충분한 이유가 있다. 그러므로 극복해서 정상에 우뚝 서고 말 것이다.'

19일, 탱보체까지 올랐다.

"히말라야가 이런 곳인 줄 알았다면 오고 싶다는 말 하지 않았어."

지칠 대로 지친 소영언니는 그렇게 말하고 힘겹게 웃었다.

얼마나 힘이 들면 그럴까, 싶었다. 하지만 내 생각은 달랐다. 나 역시 몹시 힘들었다. 밤마다 누우면 온몸이 아팠다. 끝이 없는 길을 걷고 또 걷다 보면 머리는 아프고 속도 메슥거려 당장이라도 엎어질 것 같았다. 게다가 언니를 잘 이끌어줘야 한다는 긴장감까지 동반하고 있어서인지 어깨까지 아팠다.

하지만 난 이번 트레킹을 결코 후회하지 않는다. 오히려 다시 또 오고 싶어진다. 앞으로의 일정이 지금보다 더 험난하고 힘들다 하더라도 묘한 매력을 느낀다. 다시 기회가 온다면 나는 또 히말라야로 올 것이다.

내가 이곳에 느끼는 묘한 매력 중 하나는 아무 것도 가지고 있지 않은 사람들과 산과 그리고 모든 주변의 편안함과 행복감이 함께 어우러져 있는, 그래서 오히려 더 충만함을 맛볼 수 있다는 것이다. 산에 오기 전에는 하루 종일 전화와 인터넷 등 문명의 혜택을 마음껏 누렸을 뿐 아니라, 그것들이 없이는 불편해하고 어색해하며 생활을 해나갈 수가 없었는데 아무 것도 가지지 않고 지내면서도 얼마나 편안하고 행복한지 절감하고 있었다.

기회가 된다면 몇 달 정도 이 곳에서 혼자 살고 싶다는 생각도 들었다.

저녁 무렵, 언니는 완전히 탈진 상태로 누워 있었다. 몸이 아프니 집 생각이 더 많이 나는 모양이었다. 옆에서 지켜보기가 안타까웠다.

소영언니가 아픈 것은 일단 육체적으로 에너지 소모가 많은 것이 가장 큰 이유이겠지만 평소에 너무 운동을 하지 않은 탓인 것 같았다. 거기에다 그곳 음식이 입에 맞지 않다며 잘 먹지 않았다. 하지만 입맛이 아니라 필요하니까 먹어야 한다. 나도 맛있어서 먹는 것은 아니었다. 걷기 위해서, 정상에 오르기 위해서 먹는 것일 뿐이었다.

죽 몇 스푼 뜨다 마는 언니를 억지로 먹여보기도 하고 애원조로 달래보기도 했지만 소용이 없었다.

열이 나는 것 같아 아스피린을 먹인 후 침낭을 깔고 담요를 덮어

주었는데, 걱정이었다. 언니가 아픈 것이 안쓰럽기도 하지만 이왕 여기까지 온 거, 좀 더 오기를 부려 주었으면 싶은 생각도 들었다.

  6일째 되던 날, 우리는 드디어 페르체까지 왔다. 탱보체에서 팡보체를 거쳐 페르체까지 온 것이다. 해발 4천 미터가 넘는 곳이다.

  팡보체 롯지에서 한국인을 만났다. 트레킹을 시작한 후로 처음이었다. 너무 반가웠다. 머나먼 타국에서, 그것도 원시상태의 거대한 산에서 만난 한국 사람은 핏줄처럼 반가웠다. 원주 산악회에서 왔다는 39세의 그 남자는 정상까지 올랐고 이제 내려가는 길이라고 했다.

  그 분과 함께 식사를 하면서 우리는 그야말로 시들어가다가 비를 맞고 되살아나는 식물처럼 생기가 돌았다. 그건 김치를 맛볼 수 있었기 때문이었다. 거짓말처럼 김치를 먹게 되니 날아갈 것만 같았다. 흔히들 이런 상황에서 할 수 있는 표현이겠지만 정말 한국 사람은 김치 없인 못 사나보다. 어쩔 수 없는 태생이다.

  줄곧 먹어본 호박전이었지만 그날은 차라리 최고의 사치였다.

  예상하지 못했던 선물 같았던 그분과 아쉬운 이별을 한 뒤 우리는 또 우리의 갈 길을 재촉해야 했다.

  팡보체에서 페르체까지 가는 길은 그때까지의 어떤 코스보다 힘들었다. 돌길이 많았으며 길이 좁아서 언니와 나란히 갈 수조차 없었다. 둘이 가기엔 길이 좁아서 언니에게 내 잠바에 있는 모자를 잡으라고 하고 앞장을 섰다. 그때까진 옆에서 언니를 부축하고 갔지만 이젠 한 줄로 서서 가야하는 것이다.

  언니도 나도 모두 힘들고 불안해진 자세였다.

  목마름에 타버릴 것 같았고 한 걸음 한 걸음이 마치 몸무게만큼의 쇳덩이를 옮기는 것 같았다. 결국 중간에 천근만근 무거워져 내 어깨를 찍어 내리던 가방을 가이드한테 맡겼다. 언니는 몸 상태가 최악이어서 업혀서 가다가 걸어 가다를 반복했다.

왜 내가 이러고 있을까.

왜 사서 이 고생을 하고 있을까.

이 정도면 최선을 다한 것이다. 그만두자.

그런 생각들이 주머니를 뚫고 나오는 송곳처럼 불쑥불쑥 튀어나왔다.

아니다. 여기서 포기한다면 시작하지 않은 것보다 못하다. 지금 포기한다면, 앞으로 무슨 힘든 일이 생길 때마다 나는 이유를 대며 포기하게 될 것이다. 비겁한 도망자가 되길 바라는가? 나의 한계를 스스로 그어버리는 어리석은 짓은 하지말자.

또한 나는 지금 나 개인의 이름만으로 도전하고 있는 것이 아니다. 장애인들의 이름을 대신 걸고 도전하고 있는 것이다. 우리가 정상에 우뚝 섬으로써 장애인들에게 희망과 용기를 줄 수 있다. 나는 거기에 특별한 이유가 있었고 또 도전하는 자의 아름다움을 펼쳐보여야 했다.

힘든 코스라 도중에 자주 쉰 탓에 페르체에 도착했을 땐 밤이었다. 컴컴한 밤길을 손전등을 의지해서 가는 것도 괜찮은 경험이었다.

21일에는 투크라(4,620미터)에 도착했다. 이제 점점 정상에 가까워지고 있었다. 그리고 그것은 점점 고통의 강도가 강해진다는 뜻이기도 했다.

투크라 롯지의 특징은 창문도 없고 방문도 없다는 것이다. 커튼이 곧 방문이었다. 그리고 또 한 가지, 화장실이 없다는 것도 참 흥미로웠다.

투크라는 날씨가 추웠는데 그래서인지 언니의 건강은 더 나빠졌다. 여기 사람들은 추운 날씨를 이기기 위해 난로를 피우는데 그것이 오히려 악순환이었다. 고산지대라서 산소가 희박하지만 추위를 이겨내기 위해 어쩔 수 없이 난로를 피워야 하니까 말이다. 난로 속에 들어가는 땔감은 야크 똥이었다. 야크 똥 말린 것을 집밖에다 한 1~2미터 정도 쌓아놓고 꺼내어서 썼다.

세상 사람들의 살아가는 모습은 참 다양한 것 같다.

바람이 너무 심해 햇볕이 따뜻해도 따뜻한지를 모를 지경이었다. 고지가 바로 코앞인 것 같은데 심리적 거리감은 더 멀어진 것 같았다. 말 그대로 히말라야는 결코 만만한 산이 아니었다.

12월 23일, 드디어 정상에 오르는 날, 새벽에 엄마에게 전화를 했다. 목표일정이 다 되어가서인지 두 번이나 엄마와 경아가 꿈에 보였다. 아무래도 전화 통화라도 하고 출발해야겠다는 생각이 들었다.

"엄마. 나 계속 엄마 꿈 꿨어. 어제도. 그저께도"

"나도 계속 니 생각했다 야!"

엄마의 목소리도 들떠 있었다.

"엄마, 지금 여기 5,050미터인데 오늘 칼라파타르 5545미터까지 올라갈 거야!"

"중간에 실패했니?"

"아니, 고소 적응하느라 올라갔다 내려 갔다를 반복했지."

"우와! 주위 사람들 힘들게 하지 말고 최선을 다해라."

"엄마, 보고 싶다"

"나도 니가 없으니 외롭다 야~!"

주위 사람들 힘들게 하지 말고 최선을 다하라는 엄마, 엄마 목소리는 언제나 나에게 차분하면서도 힘 있게 나의 방향을 일러주었다.

아침을 먹고 드디어 정상을 향해 출발했다.

그런데 이제 1미터, 1미터가 달랐다. 정말 산소가 없구나, 하는 감이 꽉꽉 와 닿았는데 그건 바로 머리가 깨질 것처럼 아픈 증세로 나타났다. 정상은 빤히 올려다 보이는데 아무리 걸어가도 도착되지 않을 것처럼 또한 그렇게 까마득했다.

언니가 못하겠다고 손을 내저었다.

"도저히, 도저히 난 안되겠어."

언니가 포기하고 싶다고 말했을 때 나는 눈물을 펑펑 흘렸다. 지금까지 고생한 게 아깝기도 했고, 마음은 끝까지 가고 싶은데 체력이 떨어진 소영언니가 안타까워서 눈물이 절로 흘러내렸다.

언니는 몇 번이나 다시 결심을 하고 정상을 향해 의지를 불태우곤 했다.

하지만 결국 에베레스트가 바로 눈앞에 보이는 5천 4백 미터에서 언니는 주저앉고 말았다.

어쩔 수없는 상황이었다. 숨을 제대로 쉴 수가 없었다. 잠시 쉬면서 언니의 기력이 회복되기를 바랬지만 불가능했다. 고산증세가 너무 심했고 체력은 완전히 바닥으로 떨어진 터였다.

몹시 안타까웠지만 어쩔 수 없었다. 혼자 계속 전진할 수밖에. 나는 더욱 이를 악물고 '검은 돌' 칼라파타르까지 올라갔다.

마지막 온 힘을 다 내어 숨을 가쁘게 몰아쉬면서 정상을 향해 한 걸음씩 한 걸음씩 무아지경으로 오르고 있었다. 숨은 갈수록 더 거칠어졌다. 그 순간, 순간의 숨과의 싸움에서 나는 마음속으로 이렇게 되뇌었다.

"그래. 여긴 히말라야야. 신이 주신 이 깨끗하고 맑은 공기가 내 몸속에 들어가고 있어. 나는 이 공기를 영원히 가슴속에 간직하며 살아갈 거야."

그래서인가 숨은 다시 고르게 쉬어지기도 했다. 산과 내가 일체가 되었던 것일까.

아, 이제 정상이다. 나 한경혜가 드디어 정상에 올랐다.

정상에 올라가자 감격과 희열이, 탁 트인 풍경보다 먼저 내게 달려들었다.

나는 두 손으로 손나팔을 만들어 있는 힘껏 소리 질렀다. 뺨 위로는 눈물이 흘러내리고 있었다.

"야호! 한경혜! 넌 네 인생의 주인공이야."

내가 히말라야 칼라타파르 정상에서 내뱉은 첫 말은 바로 내 인생의 주인공 이름이었다. 그 정상에 서는 순간, 나는 당당하게 내 인생의 주인공이 되었다.

"엄마! 고마워요. 나의 하나밖에 없는 동생 경아야. 사랑한다."

그리고 나는 엄마에게 주고 싶은 한마디를 더 잊지 않았다. "엄마, '오랑' 해!"

목이 아프도록 그렇게 소리를 질렀다. 그렇게 하지 않으면 벅찬 감동 때문에 내 가슴이 터져버릴 거 같았다.

아, 이제 정상이다.
야호! 한경혜, 넌 내 인생의 주인공이야.

내가 히말라야 칼라타파르 정상에서 내뱉은 첫 말은
바로 내 인생의 주인공 이름이었다.
그 정상에 서는 순간, 나는 당당하게 내 인생의 주인공이 되었다.
목이 아프도록 그렇게 소리를 질렀다.
그렇게 하지 않으면 벅찬 감동 때문에 내 가슴이 터져버릴 거 같았다.

내 자신이 너무나도 자랑스러웠다. 더불어 내 존재의 한 축인 엄마와 경아 생각밖에는 더 이상 떠오르질 않았다. 해냈다는 성취감은 자신감과 사랑으로 나를 충만하게 했다. 아마도 그런 느낌 때문에 사람들이 산을 오르는 게 아닐까 싶었다.

이제 세상 살아가며 할 수 없는 일은 없을 것 같았다. 어려운 일이 생길 때마다 나 스스로에게 이렇게 말할 수 있을 것 같다.

"난 히말라야에서 신을 보았어. 아무리 어려워도 난 못해낼 게 아무것도 없어"

8일 동안 몇 번이나 포기하고 싶을 만큼 힘든 시간들을 이겨내고 나는 멋진 자격증을 하나 장만하게 된 것이다. '불가능은 없다.'라고 적힌 자격증.

얻어낸 것은 만 배 백일기도로 얻어진 힘과는 또 다른 벅찬 새로운 에너지로 나를 이끌 것이라는 확신을 주기에 충분했다.

나중에 등정에 함께했던 사람들이 '오랑해'에 대해 물었다.

평소에 내가 엄마에게 "엄마 사랑해."라고 하면 엄마는 늘 "나는 하나 더 보태서 오랑해."라고 말씀하셔서 이번에는 내가 그렇게 하고 싶었다고.

눈부신 붉은 태양 햇살 같은 벅찬 기운을 고스란히 품은 채 내려와 지쳐있는 소영언니를 먼저 찾았다. 언니는 내게 어땠냐고 묻는다. 코앞까지 와놓고 정상에 오르지 못했으니 언니가 얼마나 많이 속상해할 것인가. 그러나 나는 짐짓 심드렁하게 대답했다.

"그저 에베레스트를 보았을 뿐이야. 직접 올라가서 보는 것과 여기서 보는 것과 똑같아. 단지 힘들게 올라갔다는 것뿐이지."

언니가 정상에 오르지는 못했지만 어쩌면 나 역시도 언니가 없었으면 정상까지 오르지 못했을 것이다. 우리는 둘이였기에 가능했다.

우리는 내려가기 시작했다.

곧 해가 지기 시작하고 별 하나가 반짝하더니 내가 올랐던 산 너머로 떨어져 내렸다. 그리고는 금세 컴컴해졌다.

소영언니는 고산증세 때문에 아파서 포터랑 가이드랑 번갈아서 업었고 우리들은 또다시 걷기 시작했다. 밤이라 더 추운데다 헤드램프도 아닌 방송 조명기구 하나를 의지해서 가려니까 그 하산 길도 만만치 않았다.

다소 흥분이 가라앉는 듯 하더니 베이스캠프까지 어떻게 왔는지 모르게 파김치가 되어서 돌아왔다.

얼굴상태가 말이 아니었다. 너무 따가워 손도 댈 수 없었다. 찬 바람에 스치고 옷에 부딪히는 턱 부분은 물론이고 피부 어떤 부분도 물만 닿으면 따가웠다. 눈물이 핑 돌았다. 눈물은 너무 따가워 흘리지조차 못했다.

지친 몸을 침대에 던졌는데 이상하게 몸은 자꾸 아래로 떨어지는데 잠은 쉽게 오지 않았다.

"그때 그 시간이 아침시간이었다면 좋았을 텐데. 그럼 혹시 나도 성공했을지 모르는데……"

소영언니의 가느다란 목소리가 침묵의 공기를 가르고 들려왔다.

"경혜야. 나 그래도 5,400미터까지 올라갔다는 게 정말 대단하지 않니?"

"그럼! 언니. 그 정도까지 올라간 것도 대단한 거야. 정말 대견해,

언니."

그랬다. 소영언니로서는 최선을 다한 것이다.

앞이 보이지 않는 상태에서 낯선 곳을, 그것도 자갈로 이루어진 가파른 돌산을 오르는 일은 우리가 상상하는 추측 이상으로 힘들 것이다. 다른 사람들보다 몇 배의 체력이 소모되고 신경이 쓰여 금방 탈진할 것이다. 그런데 5,400미터까지 앞을 못 보는 상태로 올랐다는 것은 정말 대단하다. 다른 정상인들도 그 전에 포기하는 사람이 아마도 많을 듯싶다.

고산증세가 좀 덜 하고 시간이 충분했다면 언니도 분명 오를 수 있었다고 나는 믿는다.

히말라야 트레킹은 내 인생의 여정 가운데 가장 많은 것을 깨닫게 해주었고 그 짧은 여행 속에서 사람과 자연에 대해서 다시 한번 생각하게 되었다. 여행은 사람과 사람 사이를, 사람과 자연 사이를 이어주고 돌아보게 하는 시간을 창조해 준다. 사람을 알려면 여행을 해보라는 말이 맞는 것 같다. 소영언니와는 이번 여행을 통해 더욱 가까워졌고 더불어 나는 자연의 경외감을 더한층 갖게 되었다.

산의 매력을 알게 된 것도 히말라야 트레킹의 보너스이다. 그 산은 분명 나를 크고 소중한 인격체로 다시 태어나도록 이끌어주었다는 깨달음을 얻으며 히말라야 산 아래서의 마지막 하룻밤을 보냈다.

내게 26살의 겨울이야기는 그렇게 잊혀지지 않을 것이다.

한국으로 돌아왔을 때 나의 몰골은 더 이상 말이 아니었다. 냄새로 진동을 했다.

그 진한 땀 냄새만큼 나는 다시 한번 무엇이든 내가 하려고 마음

먹으면 할 수 있다는 자신감을 가지게 되었고, 세상을 보는 눈이 달라져 있음을 은은히 느끼고 있었다. 다 버렸다고 해도 저 깊은 곳에 조금이라도 남아 있던 찌꺼기, 내가 장애인이라서 느껴야 했던 열등감과 피해의식을 웃으면서 털어버릴 수 있게 된 것이다.

만약 히말라야 트레킹 일정을 장애인이라는 점을 고려해서 일정과 코스를 맞춰 구성했다면 정상에 올랐어도 내가 원하는 성취감을 맛볼 수는 없었을 것이다. 우리들이 산을 오르고 있을 때, 고산증세와 여러 가지 이유로 정상을 포기하고 하산하는 사람들을 많이 만났다. 그들은 모두 정상인이었다. 그런데 그들은 포기하고 우리는 해냈다.

다시 한번 글을 쓰기 위해 그 때를 회상해본다.

히말라야 여정은 그야말로 인생을 닮아 있었다. 오르막과 내리막이 있었으며 눈으로 봤을 땐 힘들어 보이지 않던 곳이 실제 올라가기에는 너무 힘들었으며, 좀 괜찮아졌다 싶으면 금방 또 다시 힘들어지는 코스가 나타나곤 했다. 전혀 예측할 수 없었던 어려움도 인생에서처럼 우리의 무릎을 꺾이게 했다.

그렇게 히말라야 트레킹은 힘들었지만 내게 많은 것을 남겨 주었다.

어렵고 힘든 일은 그것을 겪을 당시에는 모든 것이 무너져 내릴 것처럼 힘들었지만 지나가면 아무 것도 아니고 좋은 기운만 내게 남는다는 사실도 다시 깨달았다.

그리고 또 한번 절실하게 와 닿는 사실은 절이 내게 얼마나 큰 힘이 되었는지 확신을 갖게 되었다. 절을 해온 탓에 내 체력은 일반인들보다 강했던 것이다. 게다가 솔직히 만 배 백일기도를 하면서 그 자리에서 그만 탁 죽었으면 차라리 낫겠다는 생각을 한 적이 한 두 번이 아니었다. 그런 극한의 고통을 진저리날 만큼 겪은 나로서는 히말라야 트레킹이 주는 육체적 고통은 견딜 만 했던 것이다.

절은 내 인생에 있어 그렇게 언제나 큰 에너지였다.

정상에 섰을 때 나는 느꼈었다. 우리 인간의 진짜 장애는 몸이 아니라 마음에 있다는 것을. 아마 나는 그것을 알기 위해, 그 결과를 얻기 위해 그 힘든 히말라야 트레킹을 완주한 것인지도 모르겠다.

작가의 집

진영 톨게이트를 나와 한참을 산길로 따라가다 보면 내룡 저수지를 끼고 오렌지색 지붕과 빨간 문, 유리로 된 벽, 마치 동화책 속에 나오는 그림 같은 집이 한 채 보인다.

나의 꿈자리 '작가의 집'이다.

엄마가 내게 주신, 내 인생에서 또 다른 역할을 해보라고 주신 선물, 작가의 집은 그야말로 엄마의 땀과 눈물로 지어진 집이다.

엄마는 당신이 여력이 있을 때 나를 위해 무엇인가를 하시고 싶으셨다고 했다. 이제 장애인인 딸을 위해서가 아니라 세상 속에서 당당히 살아가는 딸을 위해서 무언가, 당신이 이생에서 떠나도 남아 있을 무언가를 주고 싶었다고 했다.

그래서 생각해낸 것이 나의 작업실이자 집이 될 '작가의 집'이었다. 물론 처음에는 이름까지 생각한 것은 아니지만 말이다.

내가 마음 놓고 작품을 그릴 수 있는 공간을 만들어주겠다고 결심

'작가의 집' 전경. 이 곳은 엄마가 내 인생에서 또 다른 역할을 해 보라고 3년 간에 걸쳐 손수 지어주신 나의 꿈자리이다.

한 엄마는 진영에 있었던 땅에 직접 집을 짓겠다고 결심한 것이다.

회사를 그만두고 시간이 나자 엄마는 그 결심을 실천에 옮기기로 하고, 그때부터 손수 자재를 사서 천천히 집을 짓기 시작했다.

넉넉하지 않는 살림에 집을 짓는다는 자체가 도전이었으므로 전문가에게 의뢰할 수가 없는 형편이었다. 그래서 엄마가 직접 설계를 하시고 필요한 자재를 사서 직접 지을 작정으로 밀고 나가셨다.

엄마는 직접 모래, 시멘트, 벽돌, 철근 등을 일일이 도매상에 가서 가격을 체크하고 그 중에서 질이 좋고 가격이 싼 곳에서 구입을 했다. 창호지 같은 경우에는 부산이나 마산 창원 등 인근 도시에 있는 제조공장에 직접 가서 디자인과 가격과 품질을 꼼꼼히 비교해보고 주문을 하였다.

힘과 전문적인 기술이 필요한 부분에서는 도움을 받고 나머지는 힘이 들고 시간이 걸려도 천천히 직접 손수 집을 지어 나갔다.

나도 방학 때나 수업이 없을 때는 진영에 내려가서 같이 집을 짓는 데 합류했다. 내 딴에는 일손을 덜어주고 싶어 애썼지만 아마 시원찮은 일꾼이었던 것 같다.

진영에 내려갈 때마다 엄마의 얼굴이나 머리카락이나 작업복엔 항상 시멘트가 묻어 있었지만 엄마는 그게 어떠냐며 아랑곳하지 않고 털털 웃어버리곤 했다. 아무리 생각해도 엄마는 용감하다. 어떻게 그렇게 혼자 힘으로, 그 작은 돈으로 집을 지을 생각을 했는지 모르겠다.

결국 그 집은 3년이 넘게 걸려 완성되었다. 집 짓는 회사에 의뢰한 것도 아니고 엄마가 자재구입부터 일꾼 모집까지 다 직접 한 데다, 돈이 없으면 중단했다가 마련되면 다시 짓고 했기 때문이다.

일꾼 품도 아끼려고 웬만한 것은 직접 일을 한 엄마. 엄마는 묵묵하게 천천히 쉬지 않고 일을 하셨다. 부엌에 놓인 벽난로 같은 경우에는 오래된 장작 가마를 뜯어서 버려진 내열벽돌을 하나씩, 하나씩 주워 와서 혼자서 석 달 동안 만들었다.

동네 사람들이 밤에는 불빛이 보였는데 사람은 석 달 동안이나 보이지 않기에 하도 궁금해 와서 보고는 벽난로를 보며 놀랬다고 했다.

엄마가 기초공사를 끝내면 나는 사방 벽에 벽화를 그려나갔다. 그러면서 우리는 이 집의 이름을 작가의 손에 의해 새롭게 태어났다고 '작가의집'으로 하자고 했다.

그 작가의 집이 이제는 나 혼자만의 작업실이 아니다.

작가의 집은 이제 전통문화 체험의 장이 되어 초등학생들이 현장

학습을 위해 찾아오고 외국인들이 한국 문화를 배우고 싶다며 찾아오는 곳이 되었다. 예상하지 않았지만 또 다른 인연과 할일을 주는 요술램프 같은 곳이 된 것이다.

엄마와 내가 작가의 집을 세상에 오픈하게 된 것은 처음부터 계획된 일은 아니었다. 농촌 마을에 특이한 건물이 서 있으니 사람들이 하나 둘씩 구경을 왔고, 입소문이 나다 보니 점점 보러오는 사람들이 많아졌다.

그렇게 오시는 분들을 문전박대할 수도 없는 노릇이었고, 이왕 이렇게 사람들에게 열린 공간으로 할 거라면 좀더 의미 있게 활용할 수 없을까라는 고민을 하기도 했다. 그러다가 구체적인 계획을 세우게 된 것은 일본인 친구들 때문이었다.

지난 99년에 작품을 일본 대사관에서 전시한 적이 있었는데 그때 가깝게 지내게 된 재일교포 친구들을 우리 집으로 초대한 적이 있었다. 그런데 그 친구들이 와서 보고는 너무 좋다면서 개인작업실로만 사용하지 말고 외국인을 위한 홈 스테이를 했으면 좋겠다고 했다.

곰곰이 생각을 해 보다가 단순히 홈 스테이가 아니라 문화체험 프로그램을 할 수 있게 준비해도 괜찮을 것 같다는 생각이 들었다. 엄마와 이런저런 의논 끝에 우리는 또 다시 새로운 도전을 해 보기로 하였다.

그렇게 탄생한 작가의 집은 한국 문화체험을 할 수 있는 장이 되었다.

'한국문화체험 프로그램'은 김치 담그기, 한복 입어 보기, 한국의 전통차 마시기, 한국화 그리기, 도자기 만들기 등의 내용으로 사람

'작가의 집'에서 펼쳐는 외국인 한국문화체험 프로그램 가운데 '수묵화 그리기'. 부산지역을 찾는 외국 관광객들에게 한국의 전통문화를 체험하는 관광코스로 알려져 요즘은 나날이 바빠지고 있다.

들을 맞이했다. 외국인들을 대상으로 시작했지만 우리나라 청소년들도 이용이 가능하도록 했다. 그 이듬해 12월 15일, 그렇게 작가의 집은 세상을 향해 문을 활짝 열었다.

사람들의 반응은 생각보다 좋았고 뜨거웠다.

엄마와 나 역시 생각하지 못한 즐거움과 보람을 맛보며 기꺼워했다. 특히 아이들이 단체로 올 때는 너무 좋았다. 내가 워낙 아이들을 좋아해서기도 하지만, 아이들에게 뭔가 조금이라도 도움이 된다고 생각하니 저절로 힘이 솟았다. 물론 점점 소문이 날수록 엄마와 나는 힘이 들었지만 충분히 즐거운 각오를 할 수 있었다. 한꺼번에 50명이 넘게 온다는 소식을 접하면 우리는 그 전날 밤을 꼬박 새우다시피 준

내 인생의 주인공   219

비를 해야 했다.

힘들지만 정말 보람 있다는 말을 실감하며 해내는 일이다.

여러 다양한 한국적인 문화 프로그램의 참여는 아이들은 물론이고 외국인들까지 아주 좋아했다. 내게 새로운 꿈과 새로운 역할이 생겨난 것이다.

작가의 집에서 우리 전통 문화를 자라나는 아이들과 외국인들에게 더 많이 알리고 사랑하게 만드는 데 한 몫하고 싶다는 새로운 꿈에 엄마와 나는 매일 도전하고 있다.

얼마 전에는 일본 나가사키현 국제교류협회 한국어 강좌반 1년 과정을 마친 일본인 20명이 작가의 집에 다녀갔다. 그들은 3박 4일 일정의 수학여행지로 김해와 부산을 선택했는데 그 중 이틀을 작가의 집에서 한국문화 체험프로그램에 할애한 것이다.

그들에게 도자기 초벌구이와 그림 입히기, 한국의 자연물을 대상으로 전통화법의 그림그리기 등 한국화의 기초를 가르쳐 주었는데 모두 시간 가는 줄 모르고 즐거워하며 빠져들었다.

음식은 김치 잡채 콩잎 취나물 가지나물 굴김치 김치전 쑥국 된장 등 여러 가지의 우리의 반찬과 오곡밥으로 대접을 했더니 새로운 음식문화를 접하는 식도락을 마음껏 가졌다.

판소리 흥부가를 4시간 30분 동안 완창해 주목받고 있는 초등학생이 함께 참여하여 우리의 민요와 흥부가를 판소리로 부르니 일본사람들은 그야말로 한국 문화에 흠뻑 매료되어 흥분을 감추지 못했다.

작가의 집에 오는 아이들이나 외국인들이 즐거워하는 모습을 보면 준비하거나 진행하면서 고생했던 순간들이 다 날아간다. 뿐만 아

'작가의 집'은 사방이 자연 그 자체이다. 나는 아이들과 함께 이름 모를 풀과 야생화를 관찰하며 이를 그림 소재로 등장시킨다.

니라 토요일이면 나는 귀여운 나의 제자들과 그림을 그린다. 내가 워낙 아이들을 좋아하는데다 나 같은 장애를 가진 아이들에게 그림을 가르쳐 주고 싶다는 생각으로 시작하게 된 그림교실은 이제 열다섯 명의 아이들이 식구가 되었다. 처음 생각과는 달리 장애를 가진 아이들보다 정상적인 아이들이 더 많게 되었지만 모두가 귀한 내 제자들이다.

　작가의 집은 이제 수많은 꿈들이 이루어져가는 장소가 될 것이다. 그 꿈은 나만의 꿈이 아니다. 나와 아이들 그리고 누구라도 원한다면 작가의 집은 언제나 열려 있을 것이다.

아이들의 전시회

토요일이 되면 엄마와 나는 아침부터 바쁘다. 아이들이 그림을 그리러 오는 날이기 때문이다.

정오쯤 되면 엄마는 기사가 되어 가까운 인근 부대에 가서 어린이집에 다니는 민규를 데리러 간다.

먼저 도착한 민규가 그림을 그리는 것을 가르쳐주고 지켜보고 있으면 그 사이에 엄마는 진영에 가서 몇몇의 아이들을 차에 태워오고, 진례 방면 쪽 아이들은 부모님들이 태워서 온다. 현재 아이들의 수는 15명이다.

아이들과의 토요일 수업은 명절과 천재지변이 아닌 이상 빠지지 않는다.

아이들과 이야기하고 공감하고 같이 어울리는 것이 좋아서 이기도 하지만 무엇보다도 아이들과의 약속이기 때문이다.

자기 집 아이들을 데리고 와서 배우게 해달라고 많은 부모들이 찾아오지만 나는 죄송하다는 말밖에 할 수 없다. 더 이상은 내가 통제할 수 있는 능력을 초과하는 숫자이기 때문이다. 아이들에게 제대로 잘 가르쳐 줄 수 없다면 안 가르쳐준 것보다 못할 것이다.

우리 아이들과 있으면 나는 그지없이 행복하다.

그림을 그리다가 저수지 근처로 가서 돌멩이 멀리 던지기 내기를 하는 아이들도 있고, 산과 들에 나무 막대기를 가지고 전쟁놀이 하는 아이도 있고, 그러다가 편싸움을 하기도 한다. 그래도 나는 꼭 중재를 해야 할 때가 아니면 상관하지 않고 멀리서 지켜보고 있다가 적당한 때에 휴전을 시키곤 한다.

겨울에는 추수를 하고 난 논에 고여 있는 물이 꽁꽁 얼어 더없이 좋은 썰매장이 된다. 한 아이가 얼음 위에서 미끄럼을 타다가 넘어져서 바지도 버리고 아파서 울기도 하고 또 그 광경을 지켜보는 아이들은 깔깔거리고 웃다가 자기들도 합세하여 곧 그곳을 더 단단한 스케이트장으로 만들어 버린다.

한바탕 놀이마당이 끝나면 아이들은 겨울 추위를 아랑곳 않고 옷을 하나씩 둘씩 벗어 던진다. 아이들이 벗어 던진 옷을 보면 그 사이에 즐겁게 노느라고 땀이 배어있다.

이른 봄이 되면 아이들을 데리고 논두렁 근처로 가서 겨울 사이에 얼어 죽지 않고 살포시 고개를 드는 냉이를 관찰하고 말라버린 풀과 낙엽 사이에서 비시시 올라오는 쑥을 관찰하면서 호미로 냉이와 쑥을 캐서 그것을 또 한번 더 관찰하고 그림을 그리게 한다.

봄이 무르익을 때는 민들레의 노란 자태를 아이들과 감상하면서 민들레 역시 그림 소재로 등장하기도 한다. 이름 모를 풀을 꺾어다가

테이블 위에 올려놓고 그림을 그리기도 한다. 저수지 둑 위에서 피어 있는 유채꽃 다발도 한껏 분위기를 더해준다.

봄에는 수업 도중 아이들의 손을 잡고 산 근처에 있는 약수터에 가서 진달래를 꺾어 와서 여자아이들 머리에 올려놓으면 화려한 왕관이 되고 머리핀도 되고 그림 재료도 된다.

봄이 지나 이른 여름이 되면 시골 사람들의 모심기가 시작된다. 아이들은 이때가 제일 즐거울 때다. 모심기 해 놓은 논에서 올챙이를 잡는다고 미끄러지고 넘어지고 엎어지면서 옷이며 신발, 얼굴, 머리 전체가 진흙투성이가 된다. 이왕 버린 것을 알 게 된 아이들은 차라리 시원하게 올챙이 잡는 데만 열중하면서 '누가, 누가 더 많이 잡을 수 있나' 내기를 한다.

나는 이때가 가장 곤혹스럽다. 논 주인이 와서 아이들을 야단치고 가지만 아이들은 아랑 곳 하지 않고 올챙이 잡는 즐거움에 빠져 있는 것이다. 서로서로 자기네끼리 쳐다보면서 올챙이 닮았다고 깔깔거리고, 그런 아이들을 보고 있으면 모든 근심과 욕심이 사라지고 마음이 편안해진다.

무르익은 여름이 되면 올챙이들이 개구리가 되어서 우리 집 근처로 모여든다. 국화잎 위에서 숨바꼭질 하듯이 숨어 있을 때도 있고, 어떤 개구리는 창문 유리벽을 타고 벽과 천장 사이 모서리 부분까지 올라가는 재주 많은 개구리도 있다. 그 개구리는 밤에 불빛 때문에 창문으로 모여드는 하루살이를 먹으려고 위험을 감수하고 용감하게 올라가는 것이다.

남자아이들은 대나무를 다듬어 병정놀이를 하고, 여자아이들은 옆집 탱자나무 담 옆 에 핀 예쁜 능소화를 그리려고 그 울타리 밑에 옹기종기 모여서 스케치를 하고 있다.

  늦은 여름과 이른 가을이 오면 갖가지 이름모를 토종 풀들은 제각기 꽃을 피우려고 하는데, 꽃망울이 터지면 아이들이 먼저 발견하고 꺾어서 그림 재료로도 쓴다. 또 무르익어가는 벼에서 메뚜기 잡는다고 한바탕 소란을 피우기도 하고 들국화의 향기를 맡으며 왕관을 만들어 쓰기도 하고……

  이렇게 자연 자체가 놀이터가 되고 그림 소재가 되어 맑은 동심으로 그려진 그림들은 항상 나를 설레게 한다. 아이들이 그린 그림을 보면 전문 작가들이 흉내 낼 수 없는 번뜩이는 황홀함이 있다. 내가 아이들에게 가르치는 것은 붓과 물감 쓰는 법 정도이지 오히려 내가 배우고 있다.

  아이들이 작가의 집에서 자연과 더불어 실컷 놀다 그림을 그리고 가면 부모님들 역시 나무랄 것 없이 그림 그리며 자연을 배우고 또 친구들과 어울려 재밌게 놀고 온 만큼의 사랑을 베풀어주신다.

  자연이 몸에 배어버린 삶 그리고 그것을 이어가는 아이들의 삶, 그것을 보는 것조차도 감탄하면서 나는 항상 살아있다는 행복에 젖어든다.

  이 귀여운 아이들의 전시회를 얼마 전에 마쳤다.

  서울 인사동 통인화랑에서 지난 2월 일주일간에 걸쳐 전시회가 열렸다.

  아이들의 그림을 서울 화랑에서 전시하자고 했을 때 아이들과 부모님도 무척이나 좋아하셨다. 내가 아이들의 전시를 기획한 것은 한국 최초로 어린아이들이 보고 느낀 것을 직접 그린 수묵화와 직접 구워 만든 도자기를 발표함으로써 이 땅의 모든 아이들에게 꿈과 희망을 심어주고 싶었기 때문이었다. 그리고 서울 아이들에게 시골 아이들의 감성과 정서를 전해 주고 싶었다.

전시회 브로셔의 인사말에도 썼듯이 가을하늘처럼 티 없고 맑은 심성을 가진 그 아이들의 놀이터이자 소재는 자연이었다. 이름 모를 풀, 개구리, 메뚜기, 올챙이, 소, 개, 새 등등 모든 자연의 대상이 아이들의 마음속에서 자라나 그것을 표현하는 아이들의 감성은 많은 사람들에게 새로운 감동으로 다가갈 것이라 믿었다.

아이들의 작품에는 강아지풀, 졸고 있는 참새, 개구리, 벼 등등 서울에서 볼 수 없는 다양한 소재가 나타나 있었다. 우리 아이들의 그 순수하고 맑은 마음이 서울의 친구들과 어른들의 마음을 설레게 하고 시원하게 해주길 바랐다.

그리고 나의 그런 바람은 그 전시회를 통해 어느 정도 이루어진 듯싶다. 성황리에 마쳤고 또 여러 언론이 좋은 평을 해주었다.

전시회 첫날 교수님들과 여러 선배 화가분들 그리고 나를 아는 많은 분들이 찾아와 나와 아이들을 격려해주고 축하해주어 얼마나 마음이 가득했는지 모른다. 아이들도 모두 상기되고 즐거운 얼굴로 제 작품들이 전시되는 전시장을 자랑스럽게 돌아보았다.

축하해주시는 분들과의 사진촬영 때는 여지없이 장난꾸러기가 되기도 했지만 그 날의 전시회가 아이들에게 큰 추억이 되기를 바란다.

2004년 2월 인사동 통인화랑에서 열린 '작가의 집 아이들' 전시회장 내부. 이 전시회는 자연이 놀이터인 아이들의 티없이 맑고 고운 눈으로 보고 느끼고 그려낸 수묵화와 직접 구운 도자기 그리고 염료로 물들인 손수건 등 다양한 작품들이 전시되어 도회지의 아이들과 어른들에게 언제나 가슴 설레이는 고향의 정취를 흠뻑 느끼게 해주는 공간이었다.

내 인생의 주인공

언제나 도전하는 삶

히말라야 트레킹을 갔다 온 후로 나는 도서관에서 많은 시간을 보냈다. 학점도 이제 거의 다 채워지고 있고 내가 목표로 한 홍익대 미술대학원 석사과정에 진학하기 위해 더욱 분발하면서 책과 씨름을 했다.

수업이 없는 토, 일요일은 과천 도서관에서 아예 살았다. 공부하다가 가끔 엄마 생각을 하면 가슴이 뜨거워 질 때도 있었지만 내가 엄마를 위하는 길은 현재로서는 이 길 밖에 없기 때문에 최선을 다하고 싶었다.

만 배 백일기도를 세 번 하면서, 히말라야 트레킹을 하면서, 나는 의지만 있으면 못할 일이 없다는 것을 뼛 속 깊이 새길 수 있었다. 문제는 항상 자신에게 있었다. 얼마만큼의 의지로 얼마만큼의 노력을 하느냐, 그것이 본인이 원하는 것을 이루는지 못 이루는지에 가장 큰 영향력을 발휘한다는 것을 경험으로 깨닫고 있었다.

그리고 다시 한번 나는 해냈다.

홍대 미술 디자인교육원에서 학점 이수를 마치고 홍대 미술대학원 석사과정에 합격을 한 것이다. 대학입시 때 면접을 보고 나면 항상 떨어졌던 슬픈 기억이 스쳐갔지만 그때와는 나 자신이 많이 달라졌다는 것을 알기에 자신감을 가졌다.

비쳐지는 모습으로도 그랬지만 무엇보다 나는 사회적으로도 다른 사람이 되어 있었다. 혼자만의 세계를 깨트리고 사회 속에 참여된 한 사람으로서 충분히 살아가고 있는 나를 보여줄 수 있었다.

홍대 미술대학원 석사과정 합격 통지서를 받은 날, 나보다 엄마가 더 기뻐했다. 엄마가 그렇게 드러내고 기쁨의 감정을 표현한 적은 없었다. 내가 고등학교 진학을 하지 않고 검정고시로 대학을 다닐 때에도 그리고 학점을 따기 위해 미술학원에서 수업을 받았을 때에도 엄마는 대학원만큼은 홍대에 합격했으면 좋겠다고 항상 입버릇처럼 이야기했었다.

대학원 합격 통지서를 엄마 방에다 갖다 놓고 보고 또 보고 하면서 좋아하시는 엄마를 보면서 나 역시 너무나 기뻤다. 내가 엄마에게 저렇게 환한 웃음을 선사해드린 적이 있던가 싶으면서 마음이 아프기까지 했다.

늘 나 때문에 피눈물을 그렁그렁 매달고 사셨을 우리 엄마.

"경혜야. 너를 키우면서 오늘이 최고 행복한 날이다."고 말씀하시는 엄마를 느끼며 이제는 내가 엄마를 위해 무언가 해야 한다는 다짐을 하게 된다.

내가 오늘날 이 자리에 서 있는 것은 엄마가 계셨기 때문이다. 아무도 이 사실을 부인할 수는 없다. 아무도 나에게서 희망을 보지 못했을 때 엄마는 내게 희망을 심어 주셨던 분이다. 모두들, 심지어 나 자신조차 가능성이 없다고 포기하려고 했을 때 끝까지 나를 믿고 나를 지켜 주신 분이 엄마다.

그런 엄마가 있어 내가 있는 것이니 어찌 보면 엄마는 나를 창조한 세상의 가장 걸출한 작가인 셈이다.

엄마가 나 때문에 보내야했을 인고의 세월을 생각하면 나 또한 용기가 난다. 엄마에게 이렇게 물은 적이 있다. 어떻게 하면 엄마 은혜에 보답할 수 있겠느냐고. 엄마는 이렇게 대답했다.

"나는 엄마니까 당연히 해야 할 일을 한 거야. 정 은혜를 갚고 싶다면 나한테 갚지 말고 지나가는 사람에게 물 한 잔 정성스럽게 대접해라. 그런 마음으로 세상을 살아가라. 너보다 힘든 사람들을 따뜻하게 돌봐 줘라. 그것만이 너나 나나 전생에 지은 업보를 갚는 길 아니겠니?"

나는 감히 내가 남을 돕는다는 생각을 하지 못했었다. 하지만 이제는 그렇지 않다.

나도, 그 어떤 사람도, 다른 누군가를 위해 무엇인가를 할 수 있다. 작은 것이지만 나는 장애 아이들에게 무료로 그림을 가르칠 수 있는 기회를 가졌다. 그러나 나는 이제 단순한 공부를 가르치는 것이 아니라 내 삶 자체가 그 아이들에게 본보기가 되도록 나는 살아갈 것이다.

나의 또 다른 꿈 하나는 의지할 곳 없는 어르신들을 편안하게 모시고 싶은 그림이 있는 양로원을 마련하는 것이다. 삶을 마감하는 그들에게 나는 고통에서 벗어날 수 있는 평화로운 삶의 위안을 주고 싶다. 이제 아이들에게 희망을 주는 작은 일은 시작을 했다.

감히 바란다면 나처럼 멍에를 걸머지고 태어난 아이들에게 용기를 심어주고 나아가 외로운 노인들에게 가시는 길을 편안하고 따뜻하게 마련해드리고자 하는 마음에서이다. 이는 내가 사람과 사회로부터 받은 배려를 되돌려야하는 숙명이기도 하다.

이제 곧 졸업이다.

2년 동안 참으로 고마운 시간들이었다.

많은 것을 배웠고 많은 것을 느낄 수 있었다. 작가로서의 의식과 가치관도 많이 정립되었다. 그동안에도 여건만 되면 스케치 여행을 많이 다녔지만 앞으로도 계속 다닐 것이다. 살아 있는 그림을 그리고 싶기 때문이다. 내 그림이 살아있어 마음이 아픈 이들에게 희망을 주기 바라는 마음 간절하다.

사람들이 내 그림에 항시 물을 소재로 택하는 이유를 묻곤 한다. 내가 추구하는 작품 세계는 곧 내가 세상을 살아가는 의미와 다름 아니다.

물은 제 모습을 아는 속성을 가지고 있다. 절대 자기 능력 이상으로 욕심을 내지 않는다. 그리고 물은 모든 것을 포용할 수 있는 능력을 가지고 있다. 어떤 고난도 물은 싫은 내색하지 않고 받아들인다.

海不讓水(해불양수).

가만히 생각해보면 물이 가진 정화의 의미가 내 삶의 역사와 연관이 있는지도 모른다는 생각, 그러니까 힘들고 괴롭고 어두웠던 내 지난 날들을 물을 통해 말끔히 씻어내고 싶었는지도 모른다.

물은 내가 그리는 실경산수 작품에도 나온다. '주왕산 폭포', '이른 아침에', '물빛1' 등의 작품에서도 물이 나온다. 나는 작품에서 순탄하고 조용히 흐르는 물의 속성보다는 굽이치고 꺾이면서도 힘차게 흐르는 물줄기를, 그러한 물의 힘을 그려내고 싶었다.

어떤 분들은 나의 도예작품에도 이런 특성이 나타난다고 한다.

끊긴 듯 하면서도 이어지는 기법도 그렇고 내가 많이 사용하는 십장생 문양이 예로부터 건강과 장수를 바라는 마음이 담겨져 있다는 것을 예로 들면서 말이다.

나는 작품을 만들 때 마음을 비우는 것을 가장 중요하게 여긴다. 가끔 내 작품 중에서 애착이 많이 가는 작품이 무엇이냐는 질문을 받지만 사실 그런 의미에서 특정한 작품은 없다. 다만 마음을 비우고 평상심에서 만들어낸 작품이 내가 보기에도 잘 나오는 것 같다.

졸업을 하고난 이후의 나를 생각해본다.

물론 매일 절을 하고, 또 그림을 그릴 것이다. 어떤 구체적인 모습으로 내 시간을 담아가야할지 또 다른 도전을 구상하고 있다.

더 넓은 세상에 나가 새로운 공부를 하고 싶은 희망이 생기기도 하지만 '작가의 집'을 생각하면 훌쩍 떠나는 게 쉬운 일은 또 아니다. 작가의 집을 곧 갤러리로 바꿀 예정이다. 소품 갤러리로 바꾸어서 좋은 그림들이나 상품들을 전시, 판매할 생각을 가지고도 있다.

박사 과정을 마치고 후배들을 가르칠 수 있기를 소망하기도 한다.

그 구체적인 모습은 알 수 없지만 한 가지 분명한 건 있다.

나는 내 인생의 주인공으로 매순간 매순간을 최선을 다하며 즐겁게 살 것이다.

운명을 스스로의 힘으로 바꾸고 극복한 한경혜는 참 많이 행복하고 즐겁다는 것을 언제나 당당하게 말할 수 있다.

뇌성마비 장애를 가졌지만, 못할 것은 아무 것도 없다는 것을 내가 알고 있듯 장애를 가진 분들이 모두 같이 나를 통해 깨달았으면 하는 것이 또 다른 나의 존재의 의미가 있다.

현재의 삶이 불행하다고 생각하는 사람은 그 생각에 매달려 있는 대신 행복해지기 위한 진정한 노력을 해야 한다. 현재의 삶이 불행하지 않고 행복해지려면 그 열쇠는 다른 사람이 아닌 본인이 가지고 있다는 것을 말로서가 아니라 실제로 깨달았으면 좋겠다. 그리고 실천했으면 좋겠다.

절을 통해 나는 희망을 보았다. 세상에 나와 보니 그 희망은 사람 속에서 더욱 빛이 난다. 나는 그 아름다운 깨달음을 이제야 얻게 되었다. 사람 속에서 나는 온전하다. 그리고 사람과 어울려 일하고 노래 부르고 나누는 것이 무엇보다도 행복하다. 그 희망과 행복을 갖게 한 것은 바로 내 몸을 낮추는 절이었다.

절은 나를 낮추기도 하지만 나를 우뚝 서게도 만들어준 지혜이며 자유였다.

이제 나는 세상의 모든 것이 아름답게 보인다. 두려움은 없다.

내가 그랬듯이 이 책을 읽는 장애를 안고 있는 많은 이들에게 용기와 희망이 되기를 진심으로 바란다.

에필로그

우주,
우주,
우주 그 영원한 무대.

우주는 거대한 공간 속에 일정한 비율처럼 사방의 연속무늬같이 별들이 총총 자리 잡고 있으며, 각각의 자전력으로 태양과 달을 중심으로 일정한 간격을 유지하면서 우주라는 영원한 무대를 만들었다. 여기 우주라는 영원한 무대의 관객은 별이다.

별들은 우리가 알지 못하는 탄생과 소멸을 가지고 있으며 알 수 없는 전자파와 비슷한 일종의 자체적인 자전력으로 조용조용한 질서를 유지하면서도 가끔 우리의 교통사고처럼 부딪쳐서 폭발하는 경우가 있다. 별들도 제각기 성격이 있는 것 같다.

성품이 급한 혜성은 온 우주를 헤집고 다니는 것 같다. 가끔 우리

2023년 엄마와 함께 설악산 대청봉 정상에 올라 찍은 사진

들 근처에서 육안으로도 보여줄 때도 있고……

지구, 우주의 별 중의 하나다.

우리는 지구라는 주소를 가진 별에 속해 있다.

지구는 우주 속에 있으면서 지구 나름대로 우리들한테는 영원한 무대장치를 만들었다. 대기권을 형성해서 파란 하늘을 보게 만들었고, 구름을 보게 하고, 산과 바다 제각기 가끔 바꾸어주는 무대 배경을 만들어준다.

봄, 여름, 가을, 겨울 우리에게 사계를 감상하게 감정을 부여하면서 우리의 삶에 생, 노, 병, 사와 희, 노, 애, 락과 자손 잉태라는 눈에

에필로그 235

안 보이는 바코드를 찍어서 자연이라는 무대를 배경으로……

자연의 입장에서는 우리는 하나의 관객이다.

자연.

지구가 만들어 놓은 최대의 걸작 중에 하나이다.

자연이라는 영원한 무대에서 모든 생물이 '생존'이라는 단어 하나 때문에 자연을 가끔 잊어버리게 만들어 놓고, 숨죽이며 거대한 침묵으로 일관하면서 사람들이 지구가 만들어 놓은 자연을 훼손시키거나 오염같이 질서를 파괴시키는 요소를 제공하면 말없이 재앙 또는 천재지변이라는 형태로 처벌방식을 집행한다.

그러나 자연은 우리 인간뿐만 아니라 식물과 동물 등 여러 생명체를 만들어 놓고 그 속에 파묻혀 어울려서 가끔 영원한 무대를 잊어버릴 수 있도록 감정이라는 모든 느낌과 함구령을 만들어 각자의 삶을 충실하게 만든다.

이와 같은 초자연적인 공감대가 영원한 무대라는 배경으로 우리에게 다가 와서 '불생불멸' 속에 있으면서 '삶'이라는 그물에 생존해 유지하고 있다.

생명체를 가진 우리는 생명의 존엄성을 유지한 인간적인 삶을 귀중하게 생각하고 창조적인 노력으로 좌절하지 않고 인간으로써 최대한의 노력과 또 하나의 시작으로 모든 사람들이 행복한 삶 그리고 스스로 만족한 삶 또 더불어 함께하는 삶으로 같이 공유하길 바랄 뿐이다.

정도령 발표합니다

과거의 악행들이 업보가 되어 하늘과 땅을 뒤흔들고 있습니다.

사람들은 그럴싸한 바른말을 하는 척하지만, 행동과 말이 다른 것이 일상화되어 있습니다. 그것이 상식처럼 통용되고 있습니다. 나라를 바로 세우라는 국민의 간절한 염원을 뿌리치고 개인의 영달을 위한다면 결국 국민의 준엄한 심판이 있을 것입니다.

종교를 가장하여 속임수를 써 이익을 도모해서는 안 됩니다. 권력자를 현혹시키거나 그에 빌붙어서 종교 사업을 해서도 안 됩니다. 이 또한 국민이 심판합니다.

우리 국민은 바로 볼 줄 압니다. 민심은 천심입니다.

국가의 세금을 생각 없이 낭비하거나 가로챈 사람들한테 그가 누구든 세금을 환수 조치해야 할 것입니다.

앞 시대의 사람과 지금의 사람과 나중의 사람까지 그렇게 해야 합니다.

그렇지 아니하면 몇 사람 때문에 모든 국민은 피해자가 되어 삶이 없어집니다.

지금부터 바르고 철저하고, 검소하게 생활한다면, 평온한 삶을 유지할 수 있습니다.

핵실험을 하는 나라들은 핵개발을 멈추어야 합니다. 세계 여러 나라들은 지구의 정화와 인류의 평화로운 삶을 위해서 올바른 공동의 대처를 해야 합니다.

전쟁은 하지 마십시오. 가만히 있어도 20~30년 후에는 인구가 줄어들어서 그냥 아무데나 가서 살면 되는 세상이 옵니다.

전쟁은 이기는 쪽이든 지는 쪽이든 모두 피해자가 됩니다.

우리의 삶에서 바른 언어와 행동으로 실천하여 나아가면 지옥이라도 천상계(천당, 극락) 같은 환경을 만들고, 그런 환경은 각자가 사는 현재가 바로 천상계가 됩니다.

이런 상태가 지속이 되면 몸과 마음이 가벼워져 사후 영계까지 연결되어 갑니다.

바른 법은 누구에게나 적용됩니다. 이 글을 쓰는 본인도 바른 언행과 바른 행동을 해야 합니다.

누구든 행위에 의한 것이 마음의 자기장에 스스로 녹음하고 스스로 윤회가 결정됩니다.

다른 사람들이 자기의 잠재된 무의식에 개입할 수 없으며 간섭도 할 수 없습니다.

이것은 하늘의 법규이고 법도입니다.

모든 사람이 각자의 문화와 종교의식의 습관을 유지하면서 여기에 바른 법을 적용하면 어렵지 않게 평화와 평온이 동시에 이루어집니다.

이렇게 글을 쓰는 본인은 보통의 평범한 사람입니다.

지난날 세상 사람들에 의해 죽을 만큼 힘든 시기도 있었습니다.

차라리 이생을 포기하고 부도덕한 죄업을 만들어서 나 자신에게 벌을 주면서 업보의 삶을 영위하다가 조용히 떠나려고 했습니다.

그런데 주위에 가끔 바르게 살려고 노력하는 사람들이 있어서 눈여겨보게 되었습니다. 늦은 감이 있지만 바르게 사는 법을 실천하여 현생과 내생 그리고 개인적으로 익숙한 각자의 종교적인 방식을 택해 자신을 점검하면 됩니다.

요즘 시대에는 십승지(十勝地), 즉 피난처가 정해진 것은 없습니다.

평온하게 살고자 하는 마음이 있다면 바른 법의 길을 지키는 것이 좋습니다. 바른 법은 마음이라는 자기장으로부터 무언의 지시가 있습니다.

여러 사람이 함께 올바른 법을 행하면 강한 기운들이 생깁니다. 그 기운에 의해서 안전이라는 십승지가 생깁니다. 하늘의 법도에 의해 생겨난 하늘의 기운으로써 스스로 안전한 생명을 지킬 수 있습니다.

제가 말씀드릴 수 있는 것은 여기까지입니다.

본인은 나이도 많고, 건강하지도 않고, 여러 가지로 모자라지만, 같이 바른길을 가려고 합니다. 완벽하지 않은 삶에서 의지로 버텨내는 삶으로 노력합니다.

러시아 푸틴 대통령은 우크라이나 땅을 돌려주고 전쟁을 종식하여야 합니다. 땅이 크고 자원이 많다고 해서 국민이 행복하지는 않습니다. 전쟁을 시작한 사람의 책임은 무시할 수 없습니다. 앞으로 살아온 날보다 살아갈 길이 점점 작습니다. 그러니 정리를 바랍니다.

중국 시진핑 주석은 대만이 잘 지낼 수 있도록 보호하고 도와주어야 합니다. 세계 인구는 줄어들고, 기상이변 자체가 전쟁인데, 각 나라가 힘을 모아 사람들이 살 수 있는 평화적인 환경을 마련해야 합니다. 그리고 러시아와 우크라이나가 전쟁을 종식할 수 있도록 힘써야 합니다.

이스라엘과 하마스는 종교로 인한 전쟁을 해서는 안 된다고 생각합니다. 현재의 시대에는 전쟁을 멈추시고 형제처럼 지내는 것이 좋습니다. 전쟁은 먼저 시작한 쪽에 책임이 있습니다. 평화협정은 꼭 필요합니다.

일본에서 성급한 결정으로 방류하고 있는 원자로 방사능 오염수 때문에 어민들과 바다생물들이 힘든 시기를 겪게 되었습니다. 원전을 가진 나라들이 오염수를 정화시키려는 노력도 하지 않은 채 바다에 방류했으니, 바다의 오염이 우리 인간들한테도 영향을 줍니다. 세계 각국이 힘을 모아 원전 연합회를 만들어서 오염되어 있는 핵물질이 제거될 수 있도록 연구하고 노력해야 미래의 사람들에게도 부끄럽지 않을 것입니다.

지금의 시대는 지구와 같은 행성을 찾아 사람들이 오고 갈 수 있게 만드는 것도 보람된 일입니다.

다시 한 번 말씀드립니다.

모든 바른 법으로 이생에서 천상계를 만들어 가면, 사후에도 천상계로 연결됩니다.

우리는 모든 사람이 해탈하기를 바라고, 자유로운 원리를 추구합니다.

다른 사람에게도 피해 없게 하고, 서로 도와주면서 지혜와 복록을 간직하여 "영원한 자유"를 가장 빨리 이루는 방법은 반드시 여기 있는 "천상계"의 법도로 하시면 됩니다.

그래서 "정도령(正道令)"을 선포합니다.

정도령(正道令)

1) **정견(正見)** : 바르게 보기, 바른 견해로 한쪽에 치우침 없이 세상을 보는 것입니다.
2) **정사유(正思惟)** : 의미적으로 바른 생각과 바른 마음입니다.
3) **정어(正語)** : 바르게 말하는 것입니다. 바른 생각에 대한 언어적 실천입니다. 거짓말, 속이는 말, 이간질하는 말, 나쁜 말을 하지 않고 참되고 유익한 말을 하는 것입니다.
4) **정업(正業)** : 바른 행동입니다. 생명들을 소중히 여기고, 남의 것을 탐내지 않고 부정한 음행을 하지 않고 직업도 바른 업종으로 삶을 유지하는 것이 좋습니다. 이것도 정사유를 행동으로 실천하는 것입니다.
5) **정명(正命)** : 바른 생활입니다. 건전하고 바른 생활습관을 지니며 다른 사람에게 피해를 주지 않고 생활하는 것입니다.
6) **정정진(正精進)** : 목표를 정하여 끝없는 정진으로 깨달음이나 희망하는 것에 대해 바른 노력을 하는 것입니다,
7) **정념(正念)** : 잡념을 버리고 바른 의식으로 마음을 한 곳에 모아 통일합니다.
8) **정정(正定)** : 바른 명상으로 마음이 바르게 평온하고 안정된 상

태를 말합니다. 마음을 한 곳에 집중하여 평온하고 바른 안정을 이룹니다.
9) **정대화(正對話)**: 앞의 바른말(정어(正語))과 같은 이치이지만, 상대성이 요구되는 바른 이야기로 하는 바른 대화를 말합니다.
10) **정집회(正集會)**: 바른 모임, 이것은 다수의 사람이 바른 뜻을 가진 모임입니다. 좀 더 합리적으로 결과를 만들어 낼 수 있는 바른 회의장이라고도 할 수 있습니다.

위의 기준으로 생활방침을 세워 생활화하면 몸과 마음이 하나가 되어 습관이 됩니다. 습관이 굳어져서 좋은 업으로 상승하여 강력한 도덕과 질서가 성립됩니다. 강력한 도덕과 질서는 천상계의 법도입니다.

위의 법에 따라 행동하고 실천하면 사후까지 연결됩니다.

바른 법은 말하는 혀끝에 있지 않고 행동하는 실천에 있습니다.

부족한 저도 행동하고 실천할 사항입니다.

정도령으로 언행일치하고 이것이 생활화되면 모든 사람이 원하는 세상이 됩니다,

다함께 좋은 세상을 스스로 만들어 갈 수 있습니다. 행동과 실천으로 동참하기 바랍니다.

작성자: 유광식(兪光植) 합장
옮긴이: 한경혜 두 손 모아 올립니다.

'정도령'은 탁한 물줄기를 끊어 맑은 물줄기를 연결하여
계속 맑은 물이 나올 수 있게 물을 바꿀 수 있는 방법입니다.
'정도령' 대로 실천하시면 깨끗하고 정화된 물로 바꿀 수 있는 것처럼
삶과 의식이 바꾸어집니다.

오체투지

초판 발행 | 2005년 11월 23일
개정판 1쇄 | 2024년 4월 30일
지은이 | 한경혜
펴낸이 | 한경혜
펴낸곳 | 작가의집
등록번호 | 제535-2005-00004호
등록일자 | 2005년 10월 14일
경상남도 김해시 진영읍 내룡리 702
전화 055-345-9945
서울사무소 팩스 02-507-2344
전자우편 | korea-artist@hanmail.net
Cafe : cafe.daum.net/iartist

ISBN 978-89-957364-3-2 03810

* 작가의 집에서 나온 잘못된 책은 교환해 드립니다.
* 본 책의 저작권은 작가의 집에 있습니다.